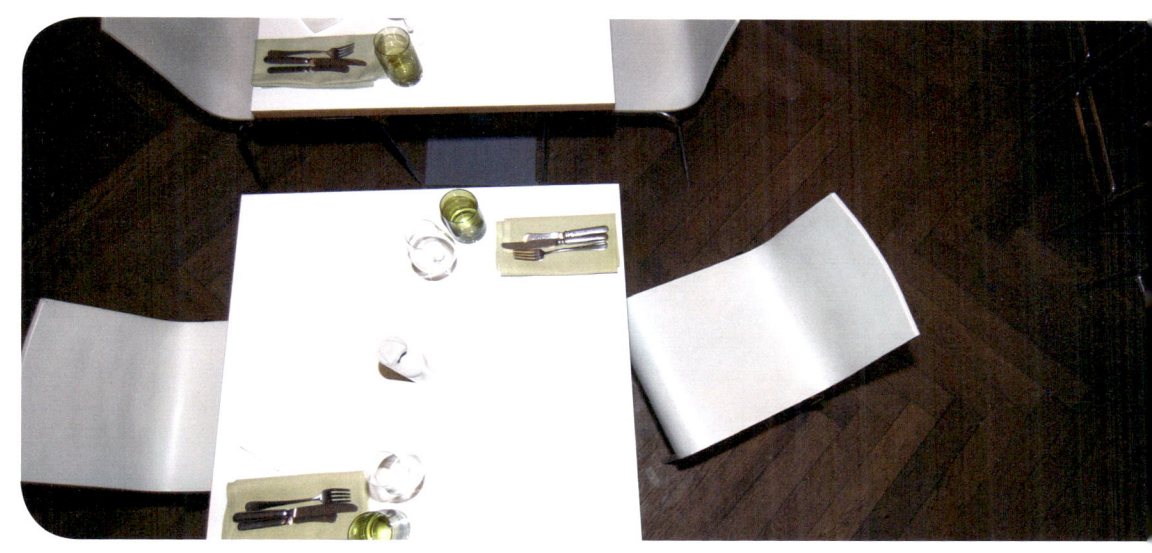

Raffiniert kochen mit

Martin Baudrexel

Bibliografische Information der Deutschen Bibliothek:

Die Deutsche Bibliothek verzeichnet diese Publikation in der Deutschen Nationalbibliografie; detaillierte bibliografische Daten sind im Internet über **http://dnb.ddb.de** abrufbar.

1. Auflage 2008
© 2008 by riva Verlag, München

ISBN 978-3-936994-54-4

Gesamtbearbeitung: Petra Steigerwald
Gestaltung: Helen Garner
Fotos: Reiner Schmitz
Foodstyling: Eveline Schmitz und Jason Montague
Lektorat: Dr. Renate Oettinger
Druck: Grafik und Druck, München

Für Fragen und Anregungen:
baudrexel@rivaverlag.de

Fordern Sie unser Verlagsprogramm an:
vp@rivaverlag.de

riva Verlag
Frundsbergstraße 23, 80634 München
Tel.: 089 4444679-0, Fax: 089 652096
info@rivaverlag.de

www.rivaverlag.de

riva ist ein Imprint der FinanzBuch Verlag GmbH

Inhaltsverzeichnis

Kapitel 4

Inhaltsverzeichnis

Kapitel 6

Kapitel 7

Kapitel 1

Martin Baudrexel

Chefkoch Martin Baudrexel hat das Küchenhandwerk in Kanada von der Pike auf gelernt. Er besuchte zunächst das „St. Pius Culinary Institute", bevor er sich im Hotel „Intercontinental" in Montréal erste Sporen verdiente.

Bald darauf wechselte er in eines der renommiertesten Restaurants Kanadas: das „toqué!" in Montréal. Die Arbeit in diesem erstklassigen Etablissement war für Martin kulinarisch prägend. Hier erlernte er einen Stil, der ausgewähltes Gemüse, wilde Flora sowie deren Essenzen und Säfte in den Mittelpunkt des Gerichtes einbezieht.

Nach zweieinhalb Jahren im „toqué!" wurde es Zeit für eine neue Herausforderung, und Martin wechselte als Sous-Chef ins Restaraunt „Cin Cin" nach Vancouver. Ein Jahr später zog es ihn ins Ski-Paradies Mount Whistler, wo er im Restaurant „Araxi" anheuerte.

Martin Baudrexel erhielt diverse Auszeichnungen von verschiedenen Schulen, gewann diverse Kochwettbewerbe und machte sich mit Engagements auf Festivals und privaten Caterings einen Namen. Vor allem während seiner Zeit in Kanada sammelte er sehr viele Erfahrungen. So hatte er die Ehre, mit Paul Bocuse eine Gala zu kochen und große Köche wie Paul Jung oder Charlie Trotter kennenzulernen.

Das große Angebot an frischem Fisch sowie Wild, Kräutern und Pil-
zen aus den Wäldern Kanadas prägten seinen Kochstil. Der große
asiatische Bevölkerungsanteil in British Columbia ließ ihn zusätzlich
einen tiefen Einblick in die asiatische Küche gewinnen. Reisen nach
Asien und in die Karibik gaben ihm weiterhin die Möglichkeit, verschiedene Arten des Kochens zu praktizieren.

Im Juli 2003 kehrte Martin dann zurück ins heimatliche München,
wo er zunächst zwei Jahre lang als Küchenchef im „Orangha" arbeitete. Aus dem „Orangha" wurde schließlich das „rubico", das Martin
inzwischen selbst leitet.

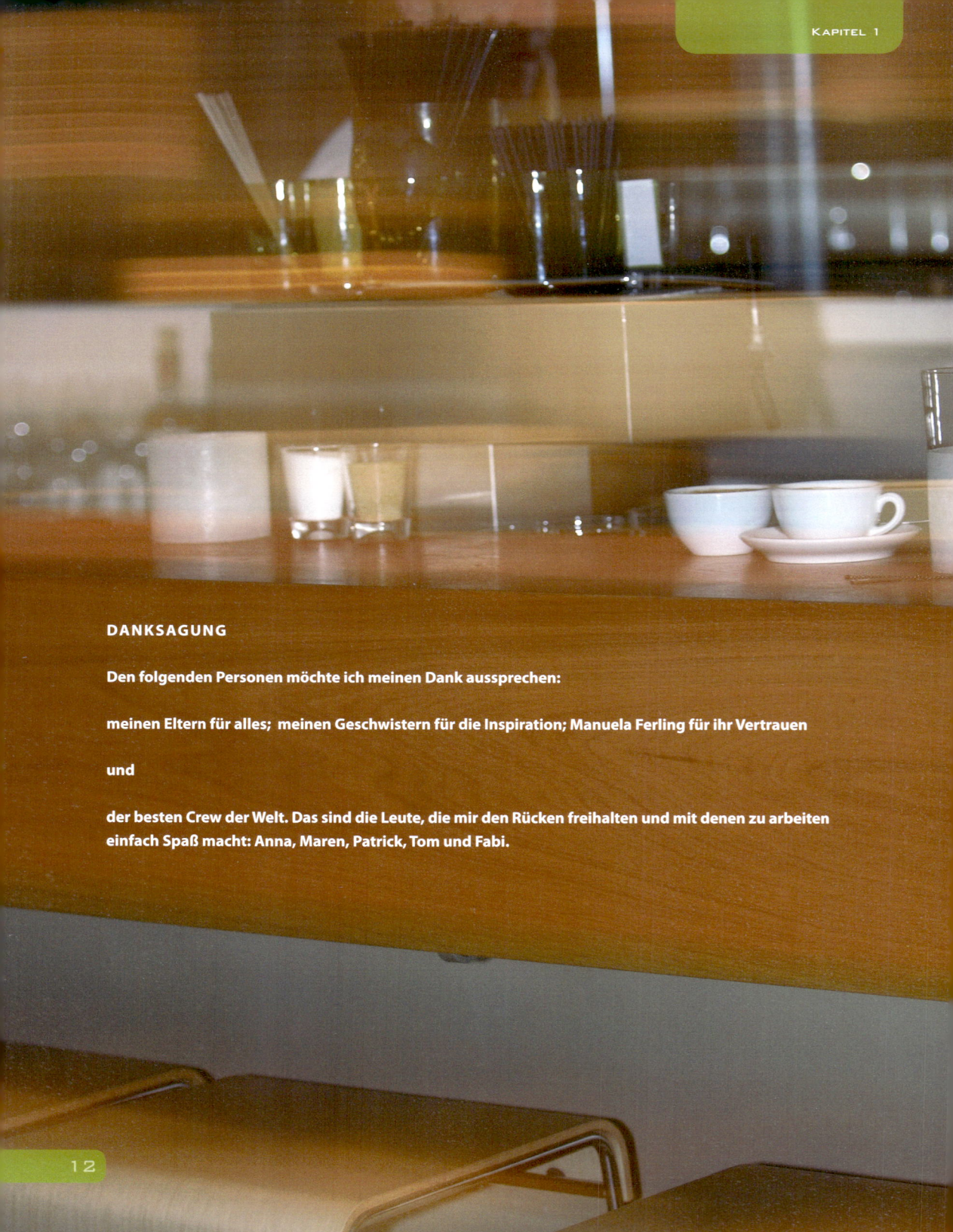

DANKSAGUNG

Den folgenden Personen möchte ich meinen Dank aussprechen:

meinen Eltern für alles; meinen Geschwistern für die Inspiration; Manuela Ferling für ihr Vertrauen

und

der besten Crew der Welt. Das sind die Leute, die mir den Rücken freihalten und mit denen zu arbeiten einfach Spaß macht: Anna, Maren, Patrick, Tom und Fabi.

Vorwort

Dieses Buch soll Ihnen, liebe Leserinnen und Leser, dabei helfen, zu Hause besser zu kochen.

Ganz bewusst habe ich in diesem Buch Produkte aufgeführt, die es nicht in jedem Supermarkt zu kaufen gibt. Mir ist es wichtig, dass Sie sich angespornt fühlen, mal zum Asia-Laden oder zum arabischen Lebensmittelgeschäft zu gehen. Das heißt: Ich wollte kein allzu einfaches Kochbuch verfassen – aber ich wollte Sie damit auch nicht überfordern

Das Buch ist nicht als Einblick in die Welt der Restaurantküche zu verstehen, sondern schlicht und einfach als Anregung, sich zu Hause etwas Schönes zu essen zu machen. Mein Ziel ist, dass auch Menschen, die sich nicht gerade als „Hobbyköche" verstehen, das Gefühl erleben, das man bekommt, wenn es den anderen schmeckt. Denn nur darum geht es beim Kochen – zu Hause wie im Restaurant.

Kochen hat nicht viel mit Kunst zu tun, obwohl das oft behauptet wird. Es hat vielmehr mit Hingabe und Disziplin zu tun. In meinem Buch habe ich deshalb ganz bewußt auf die Angaben der Zubereitungszeiten verzichtet. Denn: Zeitdruck gehört ins Restaurant und nicht an den heimischen Herd. Deshalb erwarten manche Rezepte dieses Buches auch ein gewisses Maß an Zeit und Hingabe. Beispiel Fischgerichte: Fisch ist schon lange meine große Liebe, außerdem habe ich damit die größte Erfahrung beim Kochen, weshalb viele Rezepte in diesem Buch mit Fisch zu tun haben. Gerade hier braucht man häufig viel Zeit – sie ist die wichtigste Zutat für ein gelungenes Gericht.

Trotzdem habe ich versucht, meine Rezepte nicht „zu kompliziert" werden zu lassen – so sagt in der Regel der Hobbykoch, wenn er dreimal so lange braucht, wie rechts oben im Rezept angegeben ist. Aus diesem Grund habe ich die Angaben zur Zubereitungszeit einfach weggelassen.

Ich wünsche Ihnen viel Spaß beim Kochen – und besten Appetit!

Warum ich Koch geworden bin

Angefangen hat der ganze Wahnsinn während meiner Zeit im Adolf-Weber-Gymnasium, beziehungsweise auf der Fachoberschule in München. Als Nebenjob – Schüler sein beanspruchte ja ein wenig Zeit – heuerte ich in der „Lisboa-Bar" in Haidhausen an, in der Nähe des Ostbahnhofs, einer Gegend mit magischer Anziehungskraft auf Siebzehnjährige. Nirgendwo sonst in München sind die Ausgeh-Möglichkeiten so zahlreich.

Jeder wollte in dieser Zeit Aushilfskellner in einem möglich szenigen Club oder Restaurant sein. Die Verdienstmöglichkeiten Ende der 80er-Jahre in der Gastronomie waren enorm. Ich aber wollte als Spüler arbeiten. Ich weiß nicht, warum ich mich freiwillig für diesen Job meldete. Spüler wird man eigentlich aus der Not heraus, beispielsweise weil man der Landessprache nicht mächtig ist. Schnell war ich drin im Zirkus: Ich ließ mich anbrüllen und verfluchen – in den verschiedensten Sprachen dieser Welt. Trotzdem fühlte ich mich wohl in der Küche.

Der Humor und die raue Liebe im Umgang mit den Arbeitskollegen faszinierten mich. Mir machte die Arbeit Spaß, man glaubt es kaum. Ich merkte schnell, dass die Jungs es gar nicht persönlich meinten, es war einfach ihre Art, Stress abzulassen. Ich war nun mal der Rangletzte, noch dazu der Jüngste und außerdem als Einziger des Sprachensalats nicht mächtig.

Da ich meine Arbeit gründlich und schnell erledigte, wurde mir bald die Ehre zuteil, mit Lebensmitteln zu arbeiten. Ich durfte also Kartoffeln und Zwiebeln schälen und dann irgendwann den einen oder anderen Salat anrichten.

Nach der Schule wurde ich zum Zivildienst eingezogen. Der Auftrag, als mobiler sozialer Helfer des Bayerischen Roten Kreuzes für ältere, alleinstehende Herrschaften zu kochen, lösten dann die wirkliche Liebe zum Kochen aus. Klar schaute ich als Kind der Oma und meiner Mama in die Töpfe und zeigte schon früh Interesse am Kochen, aber bis jetzt war ich eigentlich nur von der Action in der Küche begeistert.

Dann verschlug es mich nach Kanada. Ich dachte immer noch, dass ich Berufsmusiker werden würde, und ich übte auch fleißig, aber ich musste irgendwie meinen Lebensunterhalt verdienen. Das tat ich im „Chandelier" in Montréal. Als Küchenhelfer fing ich an und stieg schnell zum Garde-Manager auf, später dann zum Commis im Abendgeschäft. Nach etwa einem Jahr meinte der Küchenchef, dass ich es drauf hätte, einmal ein guter Koch zu werden, mir fehle halt die formelle Ausbildung. Also schckte er mich zur Staatlichen Hotelfachschule für Köche, das „St. Pius Culinary Institute". Ich ging folglich zur Schule, drei Jahre lang, und arbeitete nebenher weiter im Restaurant. Nach gelungenem Abschluss und Teilnahme an zahlreichen Verbands- und Schulwettbewerben hatte ich im Hotel „Intercontinental" meinen ersten richtigen Job als ausgebildeter Jungkoch.

Doch ich war mit der Entwicklung nicht so recht zufrieden, und diese zwei Jahre stumpfsinnige Hotelkocherei ließen in mir Zweifel an meiner Entscheidung, Koch statt Musiker zu werden, aufkommen. Doch dann kamen das „toqué!" und dessen Chef Normand Laprise.

Eine neue Welt tat sich auf! Nun hatte ich, was ich wollte: Produkte der allerersten Güte und Kollegen, die genauso verbissen waren wie ich. Junge Köche, die nicht auf die Uhr schauten und erst recht nicht auf den Verdienst.

Die ersten Wochen wurde mir geradezu schwindlig. Immer neue Produkte und Methoden, von denen ich nicht mal geträumt hatte. Feinste Flugware und erlesene biologische Produkte aus der regionalen Landwirtschaft.

Kanada ist voller Überraschungen, der Wald und die Wiesen bieten eine schier unbegreifliche Vielfalt. Längst vergessene und höchst seltene Gemüsesorten ließ sich der Chef züchten. Alles war vom Feinsten. Eine Tiefkühltruhe gab es nicht, alles kam täglich frisch. Die Jakobsmuscheln zum Beispiel kamen nur aus der Schale, lebend natürlich.

Ich fühlte mich geehrt, in diesem Restaurant zu arbeiten. Bald stieg ich zum Chef-Entremetier auf, später durfte ich sogar an zwei Abenden die Woche an den Saucierposten.

Ich bin Normand Laprise und seiner Sous-Chefin Alexandra für immer dankbar, dass sie die Geduld aufbrachten, mir all das zu zeigen, das man in der Ausbildung nicht vermittelt bekommt: Kreativität und profundes Wissen über die verschiedensten Produkte.

Dann zog es mich Richtung Wildnis. Ich beschloss, eine Auszeit zu brauchen – die ich natürlich mit Kochen verbrachte. Ich wurde Koch in einem Lager für Baumpflanzer im Hohen Norden Ontarios. Fern-ab jeglicher Zivilisation verbrachte ich die Sommermonate damit, in einer Buschküche drei Mahlzeiten täglich für 50 Waldarbeiter zu kochen. Es war eine gute und wilde Zeit, doch ich vermisse sie nicht wirklich. Was ich allerdings lernte, war, zu improvisieren, und ich machte Bekanntschaft mit so manchem Schwarzbären, der mich in meinem Küchentrailer besuchte.

Über ein paar Umwege durch die Karibik und entlang der Westküste Nordamerikas verschlug es mich an die Westküste Kanadas, nach Vancouver. Die kulinarische und multikulturelle Vielfalt ist dort noch größer als im Osten. Ich fing also erst mal beim „Sushi-Yah" an. Die Sushi-Meister dort waren aber selbst mir etwas zu krass in ihren Umgangsformen, sodass ich mich nach ein paar Monaten verabschiedete. Im „Cin-Cin" als Chef de Partie und später als Sous-Chef im „araxi" in Whistler durfte ich mich dann weiter entfalten. Doch immer hatte ich Sehnsucht nach dem „toqué!" in Montréal. Die Grundlagen, die ich dort vermittelt bekam, sind heute noch wichtige Bestandteile meines Kochens im „rubico".

Noch immer liebe ich die spontane und internationale Küche. Ein gutes Produkt muss nicht allzu sehr verfremdet werden. Ich ver-suche, es zu ergänzen und nicht zu verwandeln.

Was man zum Kochen braucht

Außer ein bisschen Zeit, viel Liebe, Hingabe und einen Gast braucht man zum Kochen natürlich auch ein wenig Equipment. In keinem anderen Handwerksbereich gibt es immer wieder „die neuesten Erfindungen" wie beim Kochern.

Bei Töpfen und Pfannen sollte man nicht am Geld sparen. Lieber legt man sich einmal im Leben eine gute Ausstattung zu, als sich jährlich neue, billige Töpfe und Pfannen zu kaufen.

Ich möchte für meine Leserinnen und Leser an dieser Stelle die Dinge aufzuführen, die man braucht, um als Koch zu Hause Erfolg zu haben. Also raus mit der Knoblauchpresse, rein mit den essentiellen Dingen.

Ein großes Küchenmesser. Es muss nicht teuer sein, nur scharf muss es sein, und es muss gut in der Hand liegen.

Ein Gemüsemesser und ein Filetiermesser für Fleisch und Fisch.

Zwei Schneidebretter, am besten aus Holz. Dick müssen sie sein und stabil – je größer, desto besser.

Schneebesen, möglichst fein, einen großen und einen kleinen.

Teigschaber aus Gummi, dass nicht zu viel in der Schüssel bleibt.

Fischpalette zum Wenden, aus Kunststoff oder Holz, um beschichtete Pannen nicht zu beschädigen.

Zange für Gemüse, für Fleisch und zum Anrichten.

Holzlöffel, am besten zwei, einen für Süßes, einen für alles andere.

Sparschäler: Es gibt viele Varianten; meiner Meinung nach sind die einfachsten die besten.

Beschichtete Pfannen für Fisch.

Pfannen für Fleisch und Gemüse.

Töpfe in unterschiedlichen Größen.

Kastenreibe – ganz wichtig für den Abrieb von Zitrusfrüchten.

Gemüsehobel. Spart Zeit und vereinfacht jenen das Leben, die mit dem Messer nicht so geübt sind.

Schraubgläser mit Deckel zum Aufheben und Konservieren. Sind besser als solche aus Plastik, weil sie geschmacksneutral bleiben.

Backbleche. Sie machen das Leben einfacher.

Inox-Schüsseln in verschiedenen Größen. Sie braucht man zum Mixen, zum Marinieren, eigentlich für alles. Sie sind lebensmittelecht und geben einem das professionelle Gefühl beim Kochen.

Ein Stabmixer mit mindestens 300 Watt Leistung

Die „Flotte Lotte" zum Passieren von Suppen und Saucen. Sie bietet die beste Möglichkeit zum Pürieren und Durchseihen, weil sie schonend ist und nicht alles zerfetzt, zum Beispiel Kerne von Tomaten.

Passiertücher. Damit kann man ein Sieb oder einen Durchschlag auslegen, um ein noch feineres Ergebnis zu haben.

Die Salatschleuder – ganz wichtig, um eine Wasserschicht zwischen Salatblättern und Vinaigrettes beziehungsweise Dressings zu vermeiden.

Ein kleines Hackebeil für Knochen oder Fischgräten.

Eine Fischgrätenzange.

Ein Mörser. Ganz wichtig zur Herstellung eigener Gewürzmischungen und zum Experimentieren.

Kapitel 2

Grundrezepte

für die Verbesserung
des allgemeinen
Geschmacks

Kleine Geschmackskunde

Über Geschmack lässt sich bekanntlich streiten – über das Abschmecken allerdings nicht. Jeder hat seine persönlichen Vorlieben: Der eine mag es scharf, der andere bevorzugt milde Gerichte. Bei einem Punkt sind sich aber alle einig: Wenn ein Gericht als fad empfunden wird, bleibt der Genuss auf der Strecke.

Damit ein Gericht seinen optimalen Geschmack entfalten kann, sollte man beim Kochen darauf achten, die vier Hauptgeschmacksrichtungen zu treffen: süß, sauer, salzig und scharf. Das beste Beispiel dafür ist für mich die asiatische Küche: Hier werden Chili, Limette, Honig und Fischsauce gleichzeitig eingesetzt – und es schmeckt! Diese gewollten Gegensätze lassen sich auch bestens in der europäischen Küche einsetzen:

Süße bieten so unterschiedliche Lebensmittel wie Erdbeeren, rote Paprika, Rote Beete, verschiedene Krusten- und Schalentiere, gerösteter Kürbis oder Erbsen. Kapern, Sardellen oder Parmesan geben dem Gericht eine salzige Note. Eine leichte Schärfe bekommt man durch pfeffrige Produkte wie Olivenöl oder Rucolat. Und wer es lieber sauer mag, verwendet Zitronenschale, Essig, Wein oder säuerliches Obst wie etwa Äpfel.

Ich möchte Sie dazu ermutigen, mit Aromen zu experimentieren. Stellen Sie sich eigene Gewürzmischungen zusammen und füllen Sie damit Ihre Gewürzmühlen. In der heutigen Zeit muss man Lebensmittel nicht mehr würzen, um sie – wie in früherer Zeit – haltbar zu machen oder den Geschmack verdorbener Produkte zu überdecken. Heute würzt man um des Genusses willen. Mein Tipp für Sie: Spielen Sie mit Aromen – aber gehen Sie so sparsam mit den Gewürzen um, dass der Eigengeschmack der Produkte nicht verfälscht wird.

Kapitel 3

Aufs Brot...

... für unterwegs,
aber auch für zu Hause

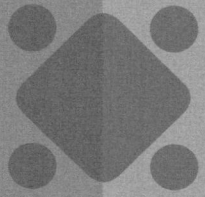

Ich bin ein großer Fan von San Sebastian und seinen Pinxos. Das sind Tapas, nur aufwendiger und größer – Schnittchen de luxe also.

Ich möchte keine wirklichen Rezepte aufschreiben, denn dafür gibt es schon Bücher. Vielmehr möchte ich Ihnen lediglich ein paar meiner Brotaufstriche und Kombinationsmöglichkeiten vorstellen.

Ich hoffe, ich kann Sie inspirieren für das nächste Picknick oder den nächsten Fußballfernsehabend. Oder denken Sie an eine schöne Bergwanderung: Ein belegtes Brot, auch Sandwich genannt, muss nicht nur der körperlichen Stärkung dienen, sondern es kann auch ein richtiges Geschmackserlebnis bedeuten.

Die wichtigste Regel beim Brotemachen lautet: Scluss mit Butter! Ich konnte noch nie so recht verstehen, warum man unter die schöne Wurst Fett schmiert. Eine gute Wurst, ein guter Schinken mit Aromen von Holz, Gewürzen und Kräutern wird von der Butter erschlagen und nicht harmonisch begleitet. Viel sinnvoller ist es, unter fetthaltigen Produkten wie Salami, Schinken und Käse säurehaltige oder pikante Aufstriche wie beispielsweise Senf zu verwenden. Das fördert nicht nur den Genuss, sondern hilft auch, das Fett in der Wurst besser aufzunehmen.

Brotaufstriche sind perfekt dazu geeignet, in kleinen Behältern mit zum Picknick genommen zu werden. Zwei Stangen Baguette, eine Flasche Wein, Wurst und Schinken, ein paar Tomaten, eine Gurke, ein Stück Hartkäse, Salz und Pfeffermühle in den Korb und raus geht's – ganz ohne Nudelsalat.

Avocadoaufstrich

Zwei Avocados mit einem Schuss Zitronensaft und einem Teelöffel Olivenöl zu einer feinen Creme verarbeiten.

Hummus

Man kann hier zur Not auch Dosenware verwenden, dann aber gut spülen!

Für 500 g Aufstrich

400 g gekochte, abgeschüttete Kichererbsen; das Kochwasser aufheben

1 Knoblauchzehe

1 Tl Meersalz

3 El Extra-Virgin-Olivenöl

4 El Tahini (Sesampaste)

feines Meersalz

schwarzer Pfeffer

Saft 1/2 Limette

Die Knoblauchzehe halbieren – kontrollieren, dass der Keimling nicht grün ist. Die Kichererbsen in einem Mixer mit ein paar Löffeln Kochwasser zum Püree vermixen. Wenn sich eine homogene Paste bildet, den Knoblauch, die Sesampaste und Olivenöl dazugeben. Mit Salz, Pfeffer und Limettensaft abschmecken.

Auberginenaufstrich

Kleiner Tipp aus dem Restaurant: Bei manchen Züchtungen lässt sich das Kerngehäuse nach dem Rösten weich gekocht, aber intakt herausnehmen. Mit Zitrone, Olivenöl und Meersalz abschmecken – et voilà: „Auberginenkaviar" als amuse-bouche.

Den Ofen auf 180 bis 200° C vorheizen.

Die Auberginen auf einem Blech im Ofen rösten. Am besten am Vortag. (Es empfiehlt sich, die Auberginen auf grobes Salz zu betten. Dies bewirkt, dass sie gleichmäßiger und schneller rösten, ohne den Geschmack zu beeinflussen.) Die Auberginen sind fertig, wenn sich das Fleisch am Strunk weich anfühlt. Das dauert 30 bis 45 Minuten.

Für 400 g Aufstrich (hält sich einige Tage im Kühlschrank)

3 große oder 6-7 mittelgroße oder 10 kleine längliche Auberginen

Tipp: Beim Kauf darauf achten, dass sich die Auberginen für ihre Größe schwer anfühlen.

2 El Ahornsirup, ersatzweise Honig

Saft 1/2 Orange

4 El Balsamico

1 El Olivenöl

feines Meersalz

schwarzer Pfeffer aus der Mühle

Zitronensaft

Die Auberginen zum Abkühlen auf Teller legen. Mit den Händen die Schale entfernen, das Fleisch samt Samen mit einem Löffel herauskratzen.
Ein Sieb mit Passiertuch, Kaffeefilter oder drei Blättern Küchenrolle auskleiden. Die Auberginenmasse abtropfen lassen, am besten abgedeckt und über mehrere Stunden im Kühlschrank.

In einem kleinen Topf den Honig zusammen mit dem Orangensaft langsam erhitzen, bis der Orangensaft verschwunden ist und der Ahornsirup beziehungsweise der Honig zu karamelisieren beginnt.

Den Topf von der Hitze nehmen, einen Metalllöffel hineinstecken, einen Moment abkühlen lassen, den Balsamico einlaufen lassen, mit dem Löffel das Caramel bei mittlerer Hitze lösen und anschließend zu einem Sirup einkochen.

In einer großen Schüssel das Auberginenfleisch mit dem Sirup durchschlagen. Am besten nimmt man einen Schneebesen und streicht das Püree mithilfe einer Teigkarte durch ein feines Sieb.

Wenn man es eilig hat, geht das auch mit dem Pürierstab, doch hat diese Variante den Nachteil, dass man die Kerne mitpüriert, und die sind bekanntlich leicht bitter.

Zum Schluss den Auberginenaufstrich mit Salz, Pfeffer, einem Schuss Zitronensaft und dem Olivenöl verfeinern – wer mag, kann stattdessen gerne Tabasco nehmen.

Tomatenaufstrich

Im Prinzip ein Pesto rosso – sehr intensiv, man braucht gar nicht viel davon. Am besten schmeckt er auf geröstetem Graubrot.

Für 200 g Aufstrich

200 g getrocknete Tomaten, nicht in Öl

1 El Kapern, abgetropft

3 El Parmesan, frisch gerieben, oder einen anderen Granokäse

1 Tl scharfer Senf

Olivenöl

Die Tomaten kurz in kaltes Wasser legen. Gut abtupfen und grob vorschneiden. Dann verarbeitet man unter Zugabe von ein bis zwei Esslöffeln Olivenöl alle Zutaten im Mixer oder mit dem Pürierstab zu einer homogenen Masse.

Kapitel 4

Kleiner Geldbeutel – keine Zeit

Suppen & Vorspeisen

Artischocken-Kartoffel-Salat mit Harissa

Für 4 Personen

4 große oder 8 kleine Artischocken

600 g festkochende Kartoffeln, geschält

2 El frischer Koriander

1 El fein gehackte Minze

Harissa

Meersalz und schwarzer Pfeffer

Wasser mit einem Spritzer Zitronensaft

Harissa-Dressing

1 Knoblauchzehe und Salz mit einem Messerrücken zu einer groben „Paste" verarbeiten

1 El Limettensaft

2-3 El Harissa (selbstgemacht siehe Kapitel 2, oder aus dem Glas)

1 El grob gehackter Koriander

5 El Extra-Virgin-Olivenöl

Salz und Pfeffer zum Abschmecken

Für das Dressing alle Zutaten verrühren und mit Salz und Pfeffer abschmecken.

Die Artischocken vom Strunk befreien. In einen großen Topf mit kaltem Salzwasser geben und 15 bis 25 Minuten kochen, bis die Artischocken weich sind.

Abschütten und abkühlen lassen, mit einem Löffel die Haare entfernen und ggf. die Artischocken mit einem Messer von den äußeren Blättern befreien. In ca. fünf bis sieben Millimeter große Stücke schneiden. Im Zitronenwasser aufbewahren, sonst werden die Artischocken braun.

Kartoffeln kochen, schälen und warm mit dem Dressing, den frischen Kräutern und den abgetupften Artischocken vermischen.

Kalte Suppen gibt es von allerhand Produkten. Manche Klassiker wie Melonensuppe oder kalte Blumenkohlsuppe sind meines Erachtens fehlgelaufene Experimente, die schmecken, als hätte man vergessen, sie zu erhitzen.

Die zwei besten kalten Suppen sind meiner Meinung nach Gazpacho und diese hier:

Kalte Avocadosuppe

Zutaten für 4 Personen

2 reife Avocados

2 Limetten

1 große Salatgurke

1 kleine Zwiebel

1 Bund Koriander

1/2 l Geflügelbrühe oder Gemüsebrühe

Salz

Pfeffer, frisch gemahlen

3 Scheiben Toastbrot

4 El Butter

2 Knoblauchzehen

Paprikapulver, edelsüß

1 Prise Cayenne-Pfeffer

Die Avocados halbieren und den Kern entfernen. Das Fruchtfleisch mit einem Löffel aus der Schale heben und grob zerkleinern.

Die Gurke schälen, entkernen und ebenfalls grob würfeln.

Die Zwiebel schälen und vierteln. Alles zusammen in den Mixer geben und pürieren. Das Püree durch ein feines Sieb streichen. Den Koriander waschen, die Blätter abzupfen und fein hacken. Brühe und Koriander zum Püree hinzumischen und unterrühren.

Mit Salz und Pfeffer kräftig würzen. Für etwa zwei Stunden kühl stellen. Inzwischen das Toastbrot klein würfeln. Butter in einer Pfanne erhitzen und die Brotwürfel darin goldbraun braten. Knoblauch schälen, fein hacken und darüberstreuen. Mit Salz, Pfeffer, Cayenne-Pfeffer und Paprika würzen und ganz auskühlen lassen.

Die Suppe nochmals umrühren und in Teller füllen, mit den Brotwürfeln bestreuen.

Beste Gemüsesuppe der Welt

8 El Olivenöl

1 große Zwiebel, grob geschnitten

3 große Karotten, grob geschnitten

4 Stangen Sellerie, grob geschnitten

4 Knoblauchzehen, fein gehackt

3 Tl Kümmel

3 El grob gehackte Petersilie

400 g Tomaten aus der Dose, abgetropft und auseinandergerissen

1 l Wasser

500 g Weißkohl

400 g Borlottibohnen, über Nacht in kaltem Wasser eingeweicht

200 g altes Ciabatta, in grobe Stücke geschnitten

2 El Olivenöl

Salz und schwarzer Pfeffer

In einer großen Pfanne Olivenöl erhitzen, Zwiebel, Karotten, Sellerie und eine Prise Salz zugeben und 15 Minuten unter Rühren goldbraun anrösten.

Den Knoblauch, Kümmel und die Hälfte der Petersilie dazugeben, für weitere ein bis zwei Minuten rösten, Tomaten hinzufügen.

Zehn Minuten köcheln lassen, Wasser und den Weißkohl dazugeben und ca. rund 20 Minuten kochen, bis der Kohl fast weich ist.

Die Bohnen dazugeben und nochmals zehn Minuten unter Rühren kochen.

Von der Hitze nehmen und das Brot hinzugeben, bis es sich mit der Flüssigkeit vollgesaugt hat. Mit dem Rest Petersilie und Olivenöl garnieren.

Ceasar Salad

Ein Klassiker, der von der Speisekarte des rubico nicht wegzudenken ist.

Das Brot in Würfel schneiden und mit dem Olivenöl in einer Pfanne knusprig braten.
Abkühlen lassen.

Den Romanasalat der Länge nach vierteln. Die Stücke waschen und trockenschleudern oder gut abtropfen lassen. Je trockener der Salat, desto besser wird das Dressing haften.

Den Senf mit je einer Prise Salz und Zucker, dem Zitronensaft und dem Eigelb gut verrühren, bis die Mischung beginnt, weiß zu werden; das dauert etwa zwei Minuten. Dann das Walnussöl in einem dünnen Strahl so einrühren, dass eine Mayonnaise entsteht.

Die Sardellen, den Parmesan und die Kapern unterrühren. Mit Tabasco und Worcestersauce abschmecken.

In einer großen Schüssel den Salat mit dem Dressing und den Croutons vermischen.

Den Salat auf Teller servieren. Mit einem Gemüseschäler Streifen vom Parmesanstück über die Salate hobeln.

Zutaten für 4-6 Personen

200 g Weißbrot, Baguette oder Focaccia

3 El Olivenöl

1 Kopf Romanasalat, möglichst jung

1/2 El Dijonsenf

Saft 1 Zitrone

1 Prise Salz

1 kleine Prise Zucker

1 Eigelb

300 ml Walnussöl

100 g Kapern, gut abgetropft

3 Sardellenfilets, fein gehackt

2 El frisch geriebener Parmesan

1 El Worcestersauce

1 Schuss Tabasco

50 g Parmesan am Stück

Feigen mit Prosciutto, Minze und Büffelmozzarella

Zutaten für 6 Personen

12 reife Feigen

3 El Olivenöl

6 El Balsamico

Abrieb und Saft 1/2 Bio-Zitrone

feines Meersalz, schwarzer Pfeffer aus der Mühle

12 Scheiben Prosciutto

4-5 Stängel Thymian, die Blätter abgezupft

30 Minzblätter

1 Bund Rucola, gewaschen, die Stile entfernt

5 Kugeln Büffelmozzarella, in Scheiben geschnitten

Von den Feigen die Stielansätze abschneiden und je nach Größe halbieren oder vierteln. Olivenöl, Balsamico und Zitronensaft mit dem Thymian und dem Zitronenabrieb mit und je e ner Prise Salz und Pfeffer vermengen. Die Feigen zehn bis 30 Minu ten darin marinieren.

Feigen aus der Marinade nehmen, in lang geschnittene Prosciutto-streifen wickeln.

Den Rucola mit der Marinade gut durchmischen und in die Mitte der Teller setzen.

Den Mozzarella darum verteilen, die Feigen mit dem Prosciutto daraufsetzen.

Mit der gehackten Minze garnieren.

Gebackene Äpfel mit Ziegenkäse

Zutaten für 6 Personen

6 Äpfel, herb-säuerlich
200 g Ziegenfrischkäse
100 g Quark
3 El Pinienkerne, geröstet
Kräutersalz
etwas feine Blattsalate, mit Essig und Öl angemacht
24 Scheiben Lachsfiletschinken

Äpfel längs halbieren und Kerngehäuse großzügig entfernen.
Ziegenkäse mit einer Gabel zerdrücken und mit dem Quark gut
vermischen. Pinienkerne hinzufügen und mit Kräutersalz
abschmecken. Käsemasse in die Apfelhälften füllen und bei
220° C 15 bis 20 Minuten backen.

In die Mitte der Teller etwas feine Blattsalate geben.
Jeweils einen Apfel daraufsetzen.
Den hauchdünn geschnittenen Schinken außenrum anrichten.

Mit ein wenig gutem Olivenöl beträufeln.

Gratinierte Avocado
(mit Blattsalat)

Gratinierte Avocado (mit Blattsalat)

Avocado mal anders, als Vorspeise oder kombiniert mit einem
Blattsalat als vollwertiges Mittagessen.
Avocados steigern das Denkvermögen und sind, ebenso wie
Nüsse, sehr gesund und reich an ungesättigten Fettsäuren.
Damit passen sie gut zu Parmesan, denn der erneuert als einziges
Lebensmittel die Gehirnzellen, wie mir ein italienischer Bekannter
glaubhaft versicherte. Dazu empfehle ich einen milden, fruchtigen
Weißwein, etwa einen Chardonnay.

Für 2 Personen

2 Scheiben Brot, in Würfel geschnitten
1/2 El + 1 weiterer El Olivenöl
1 reife Avocado, am besten aus Bio-Anbau, die schmeckt besser
1 Tl Zitronensaft
1 Prise Salz
frisch gemahlener Pfeffer
1 kleine Prise Zucker
etwas Basilikum, Petersilie oder Rucola, grob gehackt
2 Stück getrocknete Tomaten, aus dem Glas, gehackt
1/2 El grob gehackte Nüsse (oder Pinienkerne oder Cashewnüsse)
60-80 g Parmesan, ersatzweise Mozzarella, oder beides, grob gerieben

Ofen auf Oberhitze schalten.

Die Brotwürfel in einer Schüssel mit einem halben Esslöffel
Olivenöl gut vermengen.
Auf ein Backblech geben und auf der unteren Schiene rösten.

Achtung: öfters nachschauen, eventuell vorsichtig wenden
(um „Brandauer Art" zu vermeiden)

Die Avocado rund um den Kern der Länge nach einschneiden.

Tipp: Dabei die Klinge auf dem Stein halten und die Avocado um das Messer drehen. Beide Hälften gegeneinander drehen, sie trennen sich, und der Stein bleibt in einer Hälfte.

Mit der Messerklinge behutsam in den Stein schlagen, sodass dieser am Messer haften bleibt und sich herausdrehen lässt.

Jetzt eine Avocadohälfte in die Hand nehmen und mit einem kleinen Messer das Fleisch in Würfel segmentieren, ohne dabei durch die Haut zu schneiden. Mit einem Suppenlöffel die Würfel aus der Haut lösen. Die Schalen aufheben.
Die Stücke in der Schüssel mit dem Zitronensaft durchmengen. Dabei mit Salz, Pfeffer und Zucker würzen.
Alle weiteren Zutaten, einen Esslöffel Olivenöl und die Brotwürfel dazugeben. Etwas Parmesan aufheben.

Alles kurz vermengen, die Avocadoschalen damit füllen, mit dem restlichen Parmesan bestreuen und fünf bis acht Minuten auf oberer Schiene backen.

Wichtig: Avocado nur gratinieren. Wenn sie innen zu warm wird, schmeckt sie schnell bitter!

Vinaigrette für den Blattsalat

1 Messerspitze Salz, ebenso viel Zucker und
1/2 El Rotweinessig in einer Schüssel verrühren.
1/2 Tl Honig und 1,5 EL Olivenöl dazugeben und
gut durchrühren.

Gewaschene Salatblätter der Saison mit der Vinaigrette gut durchmischen und zur Avocadohälfte anrichten

Salat von gebratenen Garnelen und

Papaya mit Buttermilch-Avocado-Dressing

Salat von gebratenen Garnelen und Papaya mit Buttermilch-Avocado-Dressing

Zutaten für 4 Personen

8 Black-Tiger-Garnelen á ca. 60 g (Größenbezeichnung: 8/12")

1 El neutrales Öl zum Braten (die Säure von Olivenöl zerstört die Struktur der Gambas)

1/2 Tl Meersalz

Pfeffer aus der Mühle

1 Knoblauchzehe, fein gehackt

4 Lauchzwiebeln, gewaschen, in feine Ringe geschnitten

2 kleine Schalotten, geschält, grob gehackt

6 El (100 ml) Weißwein

2 El Zitronensaft

1 Basilikumstängel

100 ml Gemüsefond

Für den Salat

1 reife große Papaya

1 kleiner Bund Basilikum, die Blätter gezupft

80 g Rucola

2 El Mandelstifte oder -blättchen

Vom Rucola die harten Stielenden entfernen, gut waschen und tro-ckenschleudern oder auf Küchenpapier ausbreiten, sodass sie gut abtropfen.

Rösten Sie die Mandeln in der Pfanne, bei niedriger Temperatur ohne Fett, kurz an, sodass sie goldbraun werden. Mandeln beiseitestellen.

Die Garnelen schälen, den Darm entfernen und mit einem scharfen Messer längs halbieren.

In der Pfanne das Öl erhitzen und die Garnelen darin 30 Sekunden heiß braten, mit Salz und Pfeffer würzen, Lauchzwiebeln und Knoblauch dazugeben.
Die halbgaren Garnelen in eine Schüssel geben.

Geben Sie die Garnelenschalen und die Schalotten in die Pfanne und braten Sie sie eine Minute scharf an.
Dann mit Weißwein ablöschen. Brühe, Zitronensaft und die Basilikumstängel dazugeben und drei Minuten einkochen lassen. Durch ein Sieb auf die Garnelen geben und garziehen lassen.

Für das Dressing

1/2 reife Avocado, ohne Schale

1 El Zitronensaft

1 Tl Senf, mittelscharf

1 Tl Honig

1/2 Tl Meersalz

Pfeffer aus der Mühle

2 El Sherry-Essig oder Obstessig

6 El Buttermilch

2 El Walnussöl oder Olivenöl

Für das Dressing alle Zutaten mit dem Pürierstab oder im Mixer vermengen.

Die Papaya schälen, sodass auch die grüne Schicht unter der Schale entfernt wird.
Halbieren Sie die Papaya der Länge nach und entfernen Sie die Kerne mit einem Kaffeelöffel. Dann die Papayahälften längs quer halbieren und diese Viertel in ein Zentimeter große Stücke schneiden.

Die Papayastücke mit den Mandeln, dem Rucola, den Basilikumblättern und der Hälfte des Dressings gut durchmischen. Garnelen samt Sud und die Lauchzwiebeln in den Salat mischen.

Das restliche Dressing außenherum verteilen.

Tartar aus der Pfanne
mit Chimi-Churi

Diese Methode, einen Tartar mal anders zu servieren, habe ich von meinem Kollegen und Kumpel Stefan Marquard „abgeschaut".

Der „Tartar" lässt sich auch auf dem Grill zubereiten und bekommt dadurch eine besondere Note. Chimi-Churi ist eine Garnitur für gegrilltes Fleisch aus Argentinien.

Am besten serviert man dieses Gericht mit einem einfachen Tomatensalat, zum Beispiel mit Pinienkern-Vinaigrette oder mit Rucola.

Zutaten für 4-6 Personen

600 g Rinderfilet

2 Schalotten

1/2 Bund Blattpetersilie

1 kleine rote Chilischote

1 Knoblauchzehe, fein gehackt

Abrieb 1/2 Bio-Limette oder -Zitrone

2 El Olivenöl

1 Spritzer Weißweinessig

feines Meersalz

schwarzer Pfeffer aus der Mühle

Das Rinderfilet portionieren. Mit einem scharfen Messer die Stücke bis zur Hälfte einritzen, sodass ein feines Schachbrettmuster entsteht.

Für das Chimi-Churi:
Die Schalotten schälen und fein würfeln. Die Petersilie zupfen, waschen und grob hacken.
Die Chili halbieren, die Samen entfernen und Chili fein hacken. Alle Zutaten in einer kleinen Schüssel gut durchmischen, mit Salz und Pfeffer würzen.

Die Filetstücke mit Salz und einer kleinen Prise Zucker würzen. Eine große Pfanne erhitzen, das Öl in die Pfanne geben, die Filetstücke mit den Schnittseiten nach unten sehr scharf etwa 30 Sekunden anbraten. Die Stücke aus der Pfanne nehmen und auf einem Teller 30 Sekunden ruhen lassen.

Das Chimi-Churi auf den Tartar geben und sofort servieren.

Winterlicher Salat mit Ziegenfrischkäse, Granatäpfeln und Walnuss

Zutaten für 4-6 Personen

300 g Ziegenfrischkäse

1 Prise Salz

1/2 Knoblauchzehe

2 Tl frischer Thymian

150 g winterliche Salatblätter (Frisée, Chicorée, Radicchio etc.)

4 El Extra-Virgin-Olivenöl

1 El Rotweinessig (oder z. B. Himbeeressig, Rezept S. 30)

Kerne eines Granatapfels

75 g Walnüsse, grob gehackt

2 El Granatapfelsaft (falls zur Hand)

Die Knoblauchzehe im Mörser mit dem Salz zu einer Paste verarbeiten.

Den Ziegenkäse mit der Knoblauchpaste und dem Thymian vermengen und mit Meersalz und Pfeffer würzen. Auf die Mitte eines Tellers oder einer Schüssel geben, den Salat mit Öl/Essig und dem Granatapfelsaft marinieren und außen herum verteilen .

Mit den Granatapfelkernen und den Walnüssen garnieren.

Zucchini-Auberginen-Salat
mit Charmoula und
Hühnchen-Pita

Zucchini-Auberginen-Salat
mit Charmoula und Hühnchen-Pita

Ideal ist es, die Auberginen und Zucchini zu blanchieren.
Es erscheint ungewöhnlich, muss hier aber sein.

Zutaten für 4 Personen

4 Pita-Brote

500 g Hühnerbrust in Stücke geschnitten, ca. 2 cm

Folgende Zutaten zu einer Sauce vermengen und mit schwarzem Pfeffer abschmecken:

1 Tl Paprikapulver, edelsüß

6 El Naturjoghurt

1 Tl gemahlener Koriandersamen

1 Tl Limettensaft

1/2 Tl Salz

1 Tl grob gehackte Minze

600 g kleine Zucchini, gewaschen, beide Enden abgeschnitten

1 große oder 2 kleine Auberginen

Meersalz

schwarzer Pfeffer

Für die Charmoula erst den Kreuzkümmel im Mörser mahlen und
wieder herausnehmen. Dann den Knoblauch mit dem Salz zu einer
feinen Paste verarbeiten. Den Kreuzkümmel dazugeben und mit
allen restlichen Zutaten vermengen. Das Öl zum Schluss einrühren
und beiseitestellen.

Einen großen Topf mit Wasser zum Kochen bringen.
Eine gute Prise Salz beigeben.

Charmoula – klassische marokkanische Marinade für Gemüse

2 Tl Kreuzkümmel

2 Knoblauchzehen

1 Tl Salz

Saft 1/2 Zitrone

1/2 Tl Rotweinessig von bester Qualität

1 Tl Paprikapulver, edelsüß

3 El grob geschnittener Koriander

3 El Extra-Virgin-Olivenöl

Die Zucchini und die Auberginen in große Würfel schneiden. In das kochende Wasser geben, zudecken und vier Minuten kochen lassen. Wie gesagt, das klingt komisch, muss aber so sein ...

Die Gemüsestücke in kaltem Wasser abschrecken. Aus dem Wasser nehmen, dabei die Stücke mit der Hand leicht anpressen.
In einer großen Schüssel mit der Marinade gut durchmischen.

Eine große Pfanne erhitzen, die Hühnchenstücke mit Salz und Pfeffer würzen und mit einem Esslöffel Öl zwei Minuten goldbraun braten.
Die Hitze reduzieren und eine weitere Minute braten.
Mit Paprikapulver bestäuben und eine weitere Minute bei geringer Hitze gar braten.

Zum Anrichten die Hühnchenwürfel in die Mitte der Teller geben. Den Joghurt-Dip darübergeben und das Gemüse außen herum verteilen.

Mit Pita-Broten anrichten.

Ajo Verde –
kalte Spanische Suppe

2 Gurken, geschält

1 Knoblauchzehe

500 g Schmand

150 ml Oivenöl

100 ml Weißweinessig

80 ml Mandelöl

200 g Mandeln

1 Bund frischer Basilikum

Salz und Pfeffer

Alle Zutaten im Mixer zu einer Suppe verarbeiten
Eiskalt im Glas servieren.

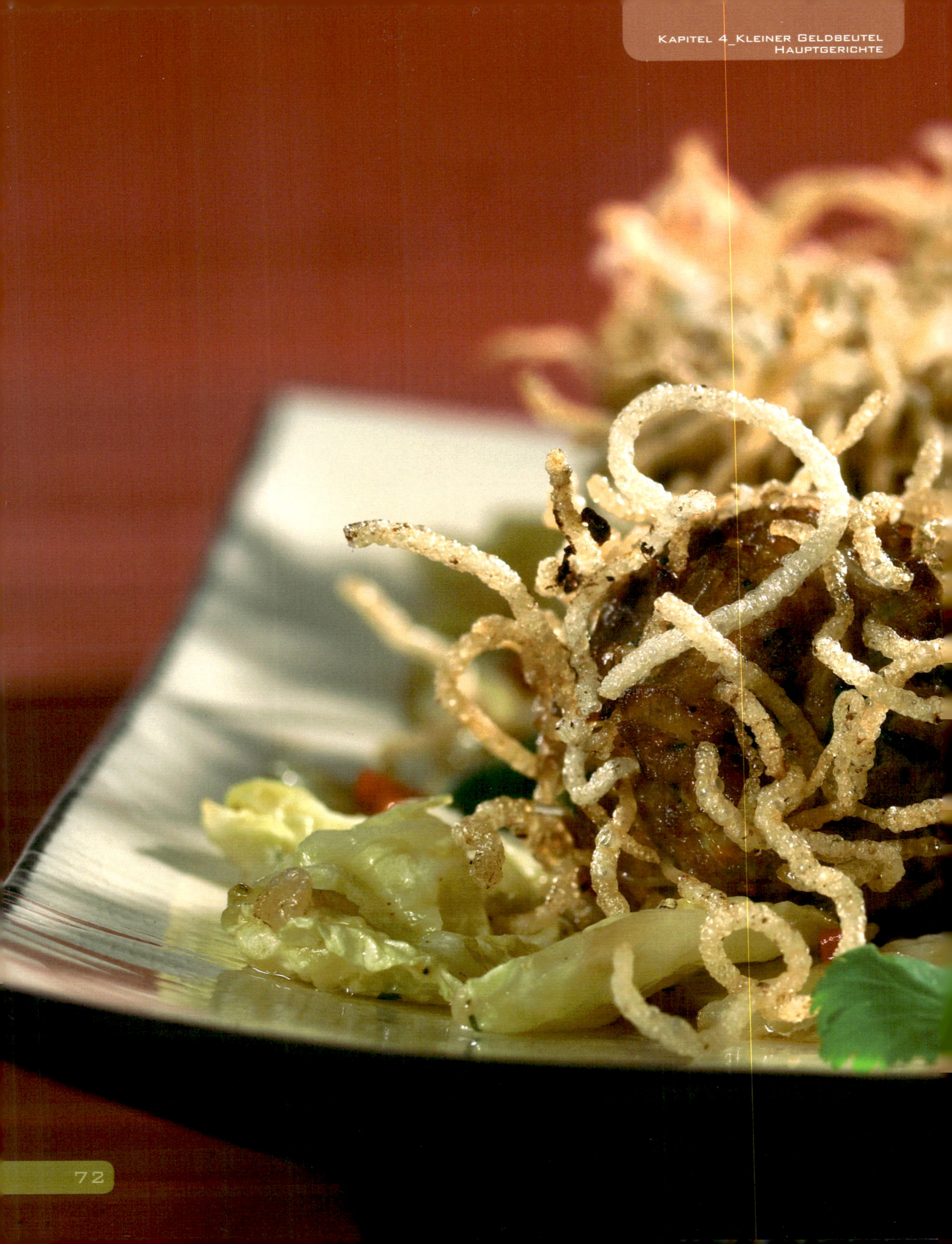

Asiatische Hackbällchen in
Glasnudeln mit Chinakohl

Asiatische Hackbällchen
in Glasnudeln mit Chinakohl

Zutaten für 4 Personen

2 Karotten, (ca.100 g), geschält

1 Lauch, der weiße Teil, der Länge nach halbiert, gut gewaschen

1 Knoblauchzehe

frischer Ingwer, ca. 10 g ohne Haut

2 Scheiben Toastbrot

400 g Rinderhackfleisch oder gemischtes Hackfleisch

2 Eier

1/2 Bund Koriander, grob gehackt

3 EL Sojasauce

Pfeffer aus der Mühle

100 g Glasnudeln

500 g Frittierfett

1 kg Chinakohl oder Spitzkohl

1 kleine Chilischote, die Kerne entfernt, fein gehackt

Pflanzenöl

80 ml Gemüsebrühe

2 EL Austernsauce (aus dem Asia-Lladen)

1 El Fischsauce (aus dem Asia-Lladen)

Backofen auf 100 ° C vorheizen.

Die Karotten und den Lauch in feine Stücke schneiden.
Zusammen mit dem Ingwer und dem Knoblauch im Mixer
pulsweise zerkleinern.

Das Hackfleisch zusammen mit dem Toastbrot, der Sojasauce, einer
Prise Pfeffer, den Eiern und dem gehackten Koriander gut durch-
mischen. Karotten-Lauch-Mischung dazugeben.
Aus der Masse mit angefeuchteten Händen 20 bis 24 kleine
Bällchen formen.

Glasnudeln (ohne vorheriges Einweichen) mit der Schere in zwei
Zentimeter kleine Stücke schneiden. Frittierfett in einem hohen
Topf erhitzen.

Vom Kohl den Strunk entfernen und in ca. zwei Zentimeter große
Stücke schneiden.
Das Pflanzenöl in einem Topf erhitzen, Kohlstücke darin fünf bis
acht Minuten glasig braten.
Mit der Brühe ablöschen, Chili, Fischsauce und Austernsauce
dazugeben und zwei Minuten unter Rühren weiter garen.

Die Fleischbällchen in den Glasnudeln wälzen. Immer sechs
Bällchen auf einmal ins heiße Fett geben und zwei bis drei
Minuten ausbacken. Die Bällchen auf Küchenpapier gut
abtropfen lassen. In den Ofen zum Warmstellen geben, bis
die letzten Bällchen gebacken sind.

Zum Anrichten den Kohl in kleine Schüsseln geben.
Die entstandene Sauce verteilen.
Die Hackbällchen auf den Kohl geben und mit Korianderblättern
garnieren.

Bio-Bananen-Lachs-Pizza

Das klingt vielleicht ein bisschen schräg, schmeckt aber lecker und harmonisch.

Ofen auf 220 °C vorheizen, Ober- und Unterhitze oder Umluft.

Zutaten für 2 Personen

2 Vollwertpizzaböden

1 kleine Dose (etwa ca. 150 ml) Bio-Pizzasauce

frische Basilikumblätter

1 große Kugel Bio-Mozzarella in der Lake

2 reife Bananen, geschält, in dünne Scheiben geschnitten

180 g frisches oder tiefgekühltes Lachsfilet, in kleine Würfel geschnitten

Olivenöl

Meersalz

schwarzer Pfeffer aus der Mühle

getrockneter Oregano (falls zur Hand)

Die Pizzaböden dünn mit Tomatensauce bestreichen, dabei einen breiten Rand von ca. einem Zentimeter freilassen.
Den Mozzarella mit den Händen in kleine Stücke reissen und darüber verteilen.

Die Basilikumblätter und die Bananenscheiben darauf verteilen.
Die Lachsstückchen darüber verteilen.
Mit Salz, Pfeffer und getrocknetem Oregano würzen.
Die Ränder mit etwas Olivenöl bestreichen und etwas Olivenöl über die Pizza träufeln.

Im Backofen zehn bis zwölf Minuten backen, herausnehmen und anrichten.

Green Papaya Salad
mit Maispoularde

Green Papaya Salad mit Maispoularde

Zutaten für 6 Personen

2-3 Stück Maispoulardenbrust, mit Haut

zwei Stück junger Pak Choy, der Länge nach geviertelt und gut gewaschen

Kruste

1 El Erdnüsse oder Pekanüsse, ungesalzen, gehackt

Stängel Koriandergrün, gehackt

Stängel Thai-Basilikum, gehackt

Stängel Thai-Minze, gehackt

gehackter Chili und Knoblauch nach Belieben

Abrieb 1/2 Bio-Zitrone

1/2 Tl Meersalz

schwarzer Pfeffer aus der Mühle

Green Papaya Salad

1 grüne Papaya, in feine Streifen geschnitten

1 große Karotte, in Streifen geschnitten

1 Tl Palmzucker

Saft 1/2 Limette

1 Tl fein gehackte getrocknete Shrimps, im Tiefkühler

1 kleine rote Chili-Schote, ohne Kerne, fein gehackt

1/2 Tl Koriandersamen

1 Tl Fischsauce

1/2 Knoblauchzehe

1/2 El Sesamöl

Koriandergrün, die Blätter gezupft

Thai-Basilikum, die Blätter gezupft

Thai-Minze, die Blätter gezupft

Die grüne Papaya und die Karotte schälen und mit einem Streifenschäler in feine Streifen ziehen. Falls kein Streifenschäler oder Gemüsehobel vorhanden, mit dem Sparschäler hauchdünne Bänder machen. In eine große Schüssel geben.

In einem kleinen Topf den Palmzucker mit dem Limettensaft erhitzen.

Aus den weiteren Zutaten im Mörser eine Paste herstellen, das Öl und den gelösten Zucker unterrühren.

Die Papaya- und Karottenstreifen mit dem Dressing gut durchmischen, dabei leicht „massieren". Die gezupften und gewaschenen Kräuter untermischen.

Alle Zutaten für die Maispoularde vermengen und als Kruste unter der Haut verteilen. Dazu die Haut rundum anheben und Kruste darunter verteilen. Dabei die Haut nicht komplett lösen
In einer großen Pfanne einen Esslöffel Pflanzenöl oder Erdnussöl erhitzen, die Maispoulardenbrüste auf der Haut goldbraun anbraten.
Den Pak Choy dazu in die Pfanne geben. Bei mittlerer Hitze in der Pfanne gar ziehen lassen.
Mit etwas Wasser oder Brühe angießen.

Nach etwa zehn Minuten sind die Hühnerbrüste durch. Wer es eilig hat, sollte sie nach dem Anbraten in den Ofen geben.

Zum Anrichten den Papayasalat und den Pak Choy auf die Teller verteilen. Die Hühnerbrüste in Scheiben schneiden und darauf anrichten. Die entstandenen Säfte aus der Pfanne darüberträufeln.

Kalbschnitzel
mit Petersiliensalat

Zutaten für 6 Personen

6 Kalbschnitzel aus dem Rücken à circa 140 g

Sonnenblumenöl

1 Bund Blattpetersilie, gewaschen, die Blätter gezupft

2 große Tomaten

1 rote Zwiebel, halbiert, in Streifen geschnitten

100 g frische grüne Bohnen

1 Bund Rucola oder junger Spinat, gewaschen, die Stängel gezupft

3 El Pinienkern-Vinaigrette (siehe Kapitel 2)

Die Bohnen vom Strunkansatz befreien, grob dritteln und in kochendes Salzwasser geben.
Zwei Minuten blanchieren, herausnehmen und sofort abschrecken.

Die Tomaten halbieren und über einem Sieb den Saft auspressen. Den Saft in einer Schüssel auffangen und mit der Pinienkern-Vinaigrette verrühren. Die Tomaten grob würfeln.

Die Schnitzel mit Salz und einer Prise Pfeffer würzen, an den Rändern etwas einritzen, damit sie beim Braten flach bleiben.
In einer großen, beschichteten Pfanne das Öl erhitzen.

Alle Zutaten für den Salat mit der Vinaigrette durchmengen.

Die Schnitzel von beiden Seiten 30 Sekunden anbraten.
Aus der Pfanne nehmen und sofort auf dem Salat auf Vorspeisentellern anrichten.

Lachsrücken mit Chop Suey, Räucherspeck und Grapefruit-Rosmarin-Vinaigrette

Lachsrücken mit Chop Suey, Räucherspeck und Grapefruit-Rosmarin-Vinaigrette

Diese Zusammenstellung stammt aus meiner Zeit im „toqué!".
Es ist ein Gericht, das ich seit Jahren in allen möglichen
Varianten, vor allem was die Pilze betrifft, immer wieder neu
entdecke. Ich finde, mit Lachs schmeckt es am besten.
Ein Gericht, perfekt für alle, die denken, dass sie eigentlich keinen
Lachs mögen ...

Hier eine schnelle Variante aus dem Wok.

Zutaten für 4-6 Personen

600 -700 g Lachsfilet, ohne Gräten, ohne Haut; Bio-Zuchtware ist zu bevorzugen

feines Meersalz

1 kleine Prise Zucker

schwarzer Pfeffer aus der Mühle

1 Tl Togarashi, falls zur Hand

1 Kopf Pak Choy (aus dem Asia-Laden), ersatzweise Chinakohl

120 g Räucherspeck

100 g Champignons, geviertelt

100 g Zuckerschoten oder grüner Spargel

100 g Sojasprossen, (müssen ganz frisch sein)

1 El gerösteter weißer Sesam

2 Frühlingszwiebeln, gewaschen, schräg in 2 cm lange Stücke geschnitten

1/2 El Sesamöl

1/2 El Sojasauce, z. B. „Kikkoman", ohne Glutamat

1-2 Grapefruits, am besten Pink-Grapefruits, oder Blutorangen

1 Stängel Rosmarin

Olivenöl

Die Grapefruits filetieren.

Das Olivenöl in einem kleinen Topf erwärmen, die Grapefruit-Filets samt Saft sowie die Rosmarinnadeln hineingeben und mit einer Prise Salz und Pfeffer würzen.

Das Lachsfilet in vier bis sechs Portionen schneiden. Mit einem scharfen Messer die dunklen Stellen an der Unterseite, so gut es geht, entfernen, sodass die Stücke rundherum rosa sind. Mit Salz, einer kleinen Prise Zucker und Pfeffer würzen. Falls zur Hand, mit einer kleinen Prise Togarashi würzen, dann aber auf Extra-Salz verzichten.

Den Strunk vom Pak Choy oder Chinakohl abschneiden, die Blätter gut waschen und in Stücke schneiden.

Einen Wok oder eine große beschichtete Pfanne mit etwas Öl erhitzen.
Die Lachsportionen rundherum bei mittlerer Hitze braten.
Aus der Pfanne nehmen, auf einen vorgewärmten Teller setzen und mit Alufolie abdecken. Die Hitze erhöhen, erst den Räucher-speck, dann die Champignons, dann das restliche Gemüse in den Wok geben, kräftig durchschwenken, mit Sojasauce ablöschen und mit Sesamöl verfeinern.

Das Gemüse in die Mitte der Teller geben. Die Lachsstücke darauf setzen. Die Vinaigrette und die Grapefruit-Filets außenrum verteilen. Den Sesam darüber streuen.

Martini-Risotto mit Minze und Feigen

Entscheidend für ein gutes Risotto ist ein schmackhafter Fond.

Hier handelt es sich um ein vegetarisches Risotto, deshalb verwende ich einen Gemüsefond.

Martini-Risotto mit Minze und Feigen

Zutaten für die Gemüsebrühe (ca. 1 l)

2 Lauchstangen, weißer Teil, gewaschen und grob gehackt

4 Zwiebeln, grob gewürfelt

6 Stangen Sellerie, gewaschen und grob gehackt

1 Sellerieknolle, geschält und gerieben

2 Karotten, geschält, grob gehackt

1 Fenchelknolle, gesäubert, grob gehackt

1 El schwarze Pfefferkörner

etwas Thymian und etwas Petersilie

1 Lorbeerblatt

Saft 1 Zitrone

Alles in einen Topf geben, mit kaltem Wasser (ca. 1,5 Liter) auffüllen, zum Kochen bringen. Nach ca. 40 Minuten durch ein feines Sieb passieren. Dann 45 Minuten weiterköcheln lassen, bis die Brühe auf etwa einen Liter reduziert ist.

Zutaten für das Risotto für 4 Personen

1 Zwiebel, fein gewürfelt

75 g Butter

125 ml Weißwein

450 g Rundkornreis

75 ml Martini Bianco

75 g geriebener Parmesan

100 g kalte Butter

4 frische Feigen, geviertelt

Meersalz

schwarzer Pfeffer

etwas Zitronen- und Grapefruitsaft

etwas frische Minze

Zwiebeln in Butter anschwitzen, leicht salzen und mit Weißwein ablöschen. Kurz einreduzieren lassen.

Reis und Martini zugeben und kurz andünsten.
Jetzt unter ständigem Rühren die erste Kelle des heißen Gemüsefonds zugeben.
Immer wenn man den Boden des Topfes beim Rühren sieht, eine weitere Kelle hineingeben. Das Risotto muss ständig leicht, aber nicht zu stark köcheln, sodass die Stärke des Reiskorns gleichmäßig freigegeben wird und dadurch eine cremige Konsistenz entsteht. Man rührt so lange, bis etwa ein Liter der Brühe im Risotto ist.

Dann das Risotto von der Flamme nehmen, 50 Gramm kalte Butter und Parmesan einrühren.

In einer kleinen Pfanne etwa weitere 50 Gramm Butter erhitzen, bis sie sich trennt und sogenannte „Nussbutter" entsteht (Butter mit nussigem Geschmack).

Feigen, Zitronen- und Grapefruitsaft, frische Minze und schwarzen Pfeffer in diese Nussbutter geben.

Risotto abschmecken, in der Mitte der Teller anrichten und die Feigen in Butter außenrum dazulegen.

Wichtig ist, dass man Risotto immer mit einem Holzlöffel zubereitet, um das Reiskorn nicht zu zerstören.

Pochierter Seeteufel
mit Kartoffelcroutons und
Meerrettich-Crème-Fraiche

Pochierter Seeteufel mit Kartoffelcroutons und Meerrettich-Crème-Fraiche

Als Beilage für dieses Gericht passen am besten Mangold, Spinat (der darf auch gefroren sein), oder Blattsalat.

Zutaten für 6 Personen

6 Seeteufel-Filets, ca.150 g pro Stück, die Häute entfernt

4 große Kartoffeln, geschält und in ca. 0,5 cm große Würfel geschnitten

1 El Olivenöl

Für die Sauce

2 El frisch geriebener Meerrettich, ersatzweise aus dem Glas

1/2 Bund Blattpetersilie, gut gewaschen, Blätter gezupft

1 EL Weinessig, rot oder weiß

2 Spritzer Zitronensaft

1 Tl scharfer Senf

250 g Crème Fraiche

feines Meersalz

schwarzer Pfeffer aus der Mühle

Alle Zutaten für die Sauce mit dem Pürierstab oder im Mixer pürieren.

Pochierfond (Court Bouillon)

1 l Wasser

200 ml Weißwein

1 Bund Suppengemüse

1 Tl Pfefferkörner

1 Stück Lorbeerblatt

1/2 Tl Fenchelsamen (falls zur Hand)

1 Tl Weißweinessig

2 Knoblauchzehen

Alle Zutaten in einen Topf geben und fünf bis zehn Minuten köcheln lassen.

Die Seeteufelstücke mit Salz würzen, fünf Minuten ziehen lassen.

Die Kartoffelwürfel in einer großen, beschichteten Pfanne mit dem Olivenöl braten. Wenn sie goldbraun sind, sind sie fertig.

Die Hitze des Pochierfonds auf ca. 70° C reduzieren, die Seeteufelstücke hineingeben und vier bis sechs Minuten pochieren. Der Fond darf dabei nicht kochen.

Die Fischstücke aus dem Fond nehmen und sofort mit den Kartoffeln anrichten. Die Sauce in Klecksen dazugeben.

Schweinefilet
mit Wok-Gemüse
und Currysauce

Schweinefilet mit Wok-Gemüse und Currysauce

Für 4-5 Personen

2 Schweinefilets (Bio-Qualität aus Deutschland)

Für die Sauce

2 Schalotten

1 El Olivenöl

1 Tl rote Currypaste, ohne Glutamat

2 Knoblauchzehen, grob gehackt

3 Stile Zitronengras

50 ml Weißwein

200 ml Gemüsebrühe oder Hühnerfond

100 ml Kokosmilch

2 EL Fischsauce, (Nam Plaa, im Asia-Laden erhältlich)

1El Limettensaft

1 Tl Speisestärke

Als Erstes die Sauce zubereiten und beiseitestellen.

Die Schalotten schälen und grob hacken. Das Zitronengras mit dem Messerrücken brechen und in Stücke schneiden. Das Olivenöl in einem Topf erhitzen.

Darin die Schalotten zusammen mit der Currypaste 30 Sekunden anschwitzen. Die Zitronengrasstücke und den Knoblauch dazugeben und kurz mit anschwitzen. Mit Weißwein ablöschen.
Die Brühe aufgießen und einmal aufkochen lassen. Die Kokosmilch und die Fischsauce einrühren.

Den Limettensaft mit der Speisestärke anrühren und zur Sauce geben.
Das Ganze noch zehn Minuten köcheln lassen, dann durch ein feines Sieb passieren

Das Schweinefilet von der Silberhaut befreien. Das Fleisch in etwa ein Zentimeter dicke Medaillons schneiden.

Für das Wok-Gemüse

neutrales Öl zum Braten

150 g Champignons, geviertelt

1 große Karotte

1 Stange Lauch

2 Zucchini

100 g Sojasprossen

1/2 Kopf Pak Choy, gewaschen und in Stücke geschnitten

3 Frühlingszwiebeln

Die Karotte schälen, der Länge nach halbieren, schräg in drei Millimeter große Stücke schneiden.
Den Lauch der Länge nach halbieren und gut waschen, dann schräg in einen halben Zentimeter große
Stücke schneiden. Die Zucchini waschen, der Länge nach halbieren und schräg in drei Millimeter dicke
Stücke schneiden. Die Frühlingszwiebeln waschen und ebenfalls schräg in Stücke schneiden.

Einen Wok oder eine große beschichtete Pfanne mit einem halben Esslöffel Öl erhitzen.
Die Fleischstücke mit Salz und einer kleinen Prise Zucker würzen und 30 Sekunden lang anbraten.
Die Fleischstücke herausnehmen und auf einem Teller beiseitelegen.

Dann einen weiteren halben Esslöffel Öl in die Pfanne bzw. den Wok geben.
Die Karottenstücke und die Champignons braten, nach einer Minute die Zucchini dazugeben, nach
einer weiteren Minute die Sojasprossen, den Pak Choy und die Frühlingszwiebeln.
Alles eine weitere Minute unter ständigem Rühren bei großer Hitze braten.

Wok vom Feuer nehmen, die Sauce und die Fleischstücke daruntermischen und sofort anrichten.

Zutaten für 4 Personen

600 g Schweinelende

3 El Öl, am besten Sesamöl

1 Prise Salz

1 Prise Pfeffer

1 Bund Kerbel, kleingehackt

1 Chinakohl, mittelgroß

Marinade

2 Knoblauchzehen, gehackt

3 El Sojasauce, hell

2 El Sherry, trocken (oder Reiswein)

1 El Honig

Schweinelende abbrausen, trocken tupfen und mit einem scharfen Messer häuten. In ein Zentimeter dicke Scheiben und dann in Streifen schneiden. Für die Marinade gehackten Knoblauch, Sojasauce, Sherry und Honig verrühren. Fleisch in die Marinade geben und eine Stunde kalt stellen, ab und zu wenden.

In der Zwischenzeit Chinakohl waschen, in drei Zentimeter große Stücke schneiden und beiseitestellen.

Öl im Wok erhitzen, Fleisch unter Rühren zwei bis drei Minuten scharf anbraten. Chinakohl und Marinade zum Fleisch geben und zwei Minuten in der Pfanne rühren, mit Salz und Pfeffer abschmecken.

Das Gericht auf eine vorgewärmte Platte geben und mit Kerbelblättchen bestreuen. Dazu passt am Besten Reis.

Spaghetti mit Schafskäse und Oliven

Zutaten für 4 Personen

500 g Spaghetti

200 g Schafskäse

100 g schwarze Oliven, entsteint

1 Bund Thymian oder Majoran

1 große Dose Schältomaten

250 ml Weißwein

Meersalz

schwarzer Pfeffer, gemahlen

1 El Olivenöl

1 El Honig

1 Knoblauchzehe

1 Schalotte

Die Tomaten abwaschen und in kleine Würfel schneiden. Die Knoblauchzehe fein hacken, die Schalotte schälen und fein hacken.

Olivenöl in einem Topf erhitzen. Tomaten, Knoblauch und Zwiebeln zugeben und leicht anschmoren. Eine kleine Stelle auf dem Topfboden freirühren, dort den Honig zugeben und etwas karamellisieren lassen. Alles gut verrühren, mit Salz und Pfeffer abschmecken und die Hälfte des Weines zugeben. Zugedeckt köcheln lassen, bis die Tomaten zu einem Sugo verkocht sind.

Die Spaghetti in Salzwasser gar kochen und abschütten.

Den restlichen Wein in die Sauce geben, den Schafskäse in kleine Bröckchen krümeln und einrühren. Feingehackte Oliven und den klein gehackten Thymian oder Majoran dazugeben.

Gebratenes Zanderfilet
mit Kartoffelkuchen, Spinat und
Senf-Dill-Sauce

Gebratenes Zanderfilet mit Kartoffelkuchen, Spinat und Senf-Dill-Sauce

Tipp: Die Haut des Fisches - oder wer lieber nur Filet ohne Haut mag - das Wenden eines Fischfilets in Mehl verhindert, dass die innere Temperatur 70° C erreicht. Fischeiweiß gerinnt bei dieser Temperatur und drückt dann in den Zellen eingelagertes Wasser nach außen. Das Ergebnis wäre dann ein trockener und geschmacksarmer Fisch.

Zutaten für 6 Personen

1 kg Zanderfilet, entgrätet, mit oder ohne Haut, je nach Vorliebe

neutrales Öl zum Braten

etwas Butter

feines Meeersalz

schwarzer Pfeffer aus der Mühle

Zitrone

Worcestersauce

3 mittlelgroße mehlige Kartoffeln

1 Tl Kartoffelstärke oder Maisstärke (Mondamin)

1 kleiner Bund Schnittlauch, fein geschnitten

1 Prise feines Meersalz

500 g Blattspinat, gut gewaschen

1 Knoblauchzehe

Muskatnuss mit Reibe, falls zur Hand

1 Prise Salz

Alle Zutaten für die Sauce verrühren und mit Salz und Pfeffer abschmecken.

Für die Sauce

1 Tl süßer Senf

2 El Crème fraiche

2 El saure Sahne

1 El gehackter Dill

1 Tl Honig

1 Tl Zitronensaft

feines Meersalz

Pfeffer aus der Mühle

Das Zanderfilet entweder in sechs normalgroße Stücke oder in zwölf kleinere Stücke portionieren.

Die Kartoffeln in Wasser mit etwas Salz zum Kochen aufsetzen. Ziel ist, die Kartoffeln nur halb zu garen. Testen Sie mit einer Gabel die Kartoffeln: Wenn sie außen weich, aber innen noch recht hart sind, nehmen Sie sie aus dem Wasser. Die Kartoffeln noch heiß schälen und auf der groben Seite einer Kastenreibe in eine große Schüssel reiben, mit Kartoffelstärke verrühren. Mit Salz würzen, mit Schnittlauch gut durchmischen.

Breiten Sie ein langes Stück Klarsichtfolie auf der Arbeitsplatte aus. Verteilen Sie die Kartoffelmasse darauf, und rollen Sie das Ganze zu einer langen, vier Zentimeter dicken Rolle auf. **Vorsicht: Folie wieder abziehen!** Schließen Sie die Rolle wie eine Zigarre. Schneiden Sie die Kartoffelrolle in zwei Zentimeter dicke Scheiben. Olivenöl in der beschichteten Pfanne erhitzen und die Scheiben bei mittlerer Hitze goldbraun braten, in der Pfanne beiseitestellen und warm halten.

Den Spinat in einem Topf mit etwas Öl anschwitzen, die Knoblauchzehe dazugeben und eine Minute dünsten. Mit einer Prise Salz und ganz wenig Muskatnuss würzen. Falls noch viel Wasser im Topf ist, empfehle ich, den Spinat kurz in ein Sieb zu geben und über dem Topf abtropfen zu lassen.

In einer zweiten großen, beschichteten Pfanne einen Teelöffel Öl und einen Teelöffel Butter erhitzen. Die Fischfilets mit Salz würzen, Haut einritzen, dann zuerst auf der Hautseite zwei Minuten braten, dann von der anderen Seite eine weitere Minute braten. Mit einem Spritzer Worcestersauce und einem Spritzer Zitronensaft ablöschen.

Für den Spinat Olivenöl in der Pfanne erhitzen. Eine angestoßene Knoblauchzehe in die Pfanne geben und mit dem Spinat zusammen kurz anbraten. Mit Salz und Muskat abschmecken.

Zum Anrichten auf jeden Teller zwei Scheiben Kartoffelkuchen in die Mitte legen.
Den Spinat darum verteilen, die Fischfilets auf die Kartoffelkuchen setzen und dann die Sauce kreisförmig außenherum träufeln.

Kapitel 5

Besuch kommt

Vorspeisen & Hauptgerichte

Carpaccio mit Pink-Grapefruit, Spargelsalat und Minz-Vinaigrette

Carpaccio mit Pink-Grapefruit, Spargelsalat und Minz-Vinaigrette

Statt, wie es klassisch gemacht wird, die dünnen Scheiben vom rohen Fleisch auf dem Teller auszulegen, werden sie hier in den Salat gemischt.
Wichtig: Das verwendete Fleisch muss absolut frisch sein!

Zutaten für 4 Personen (als Vorspeise)

300 g Rinderfilet, beste Qualität, am besten Bio-Fleisch aus Deutschland oder Black Angus aus Argentinien

Für den Salat

12 Stangen weißer oder grüner Spargel

2 Pink-Grapefruits, ersatzweise „Ruby Red" oder gelbe Grapefruits

2 Orangen

1 Bund (150 g) junge Spinatblätter, gewaschen und geschleudert, Stängel entfernt

1 Bund (100 g) Brunnenkresse, die unteren Stängelenden entfernt.

200 g Erdbeeren, gewaschen, das grüne Blatt entfernt

1/2 Tl Meersalz

1 El Zucker

Einen Topf mit Wasser zum Kochen bringen.

Spargel sorgfältig schälen, die Enden um zwei Zentimeter kürzen. Junger, dünner grüner Spargel muss nicht geschält werden, weißer Spargel muss immer geschält werden.
Das Wasser salzen und auf drei Liter einen Esslöffel Zucker dazugeben.
Die Spargelstangen in das kochende Wasser geben.
Grünen Spargel nach vier Minuten, weißen nach acht Minuten aus dem Wasser nehmen und in eiskaltem Wasser abschrecken.

Die Zutaten für die Vinaigrette mit dem Mixer pürieren.

Die oberen und unteren Enden der Grapefruits und Orangen abschneiden und rundherum mit einem scharfen Messer wie einen Apfel schälen, sodass die weiße Haut mit entfernt wird.

Filets über einer Salatschüssel aus der Haut schneiden, sodass der entstehende Saft aufgefangen wird.

Die Spinatblätter und die Brunnenkresse zu den Zitrusfilets in die Salatschüssel geben.

Für die Vinaigrette

1 kleiner Bund frische Minze, davon die Blätter

1 Tl Honig

2 El Limettensaft

1 Tl Reisweinessig (aus dem Asia-Laden) oder weißer Balsamico

6 El Olivenöl

1/2 Tl Meersalz

Pfeffer aus der Mühle

Die Erdbeeren je nach Größe halbieren oder vierteln und ebenfalls zum Salat geben.

Die blanchierten Spargelstangen erst quer, dann der Länge nach halbieren, schräg in ca. vier Zentimeter lange Stücke schneiden und zum Salat geben.

Den Salat mit Salz und Pfeffer würzen, die Vinaigrette behutsam untermischen. Das Rinderfilet mit einem langen scharfen Messer in dünne Scheiben schneiden.

Zum Anrichten den Salat „stapeln". Das heißt: die einzelnen Zutaten abwechselnd mit den Fleischscheiben aufeinander in der Tellermitte anrichten.

Die übrige Vinaigrette aus der Salatschüssel auf die Teller verteilen.

Geröstete Paprika, Zucchinisuppe mit Pfifferlingen und Safran

Geröstete Paprika-Zucchinisuppe
mit Pfifferlingen und Safran

Zutaten für 4 Personen

2 Paprikaschoten (Farbe nach Geschmack)

1 gelbe (oder grüne) Zucchini, mittlere Größe

2 Schalotten

1/2 Tl Zucker

1/2 Tl Sherry-Essig oder Obstessig

1 El Olivenöl

750 ml Gemüsebrühe

1 Tasse Pfifferlinge

1 Tl Mehl

1 Tl Olivenöl

etwas Schnittlauch

Salz und Pfeffer aus der Mühle

1 Messerspitze Safran, falls zur Hand

100 ml Sauerrahm

Den Ofen auf Oberhitze stellen.
Die Paprikaschoten waschen, halbieren und die Kerne entfernen.
Die vier Hälften auf ein Backblech legen und unter Oberhitze
rösten, bis die Haut Blasen wirft und beginnt, braun zu werden.
Paprikas aus dem Ofen nehmen und abkühlen lassen.

Den Ofen auf 100 ° C stellen.
Von der Zucchini mit der Schneidemaschine oder dem Gemüsehobel zwölf dünne Bänder schneiden.
Die Bänder auf Backpapier im Ofen trocknen, bis sie knusprig
werden. Das dauert etwa 30 Minuten.

Den Rest der Zucchini grob würfeln.

Von den Paprikahälften die Haut entfernen und ebenfalls grob schneiden.
Die Schalotten schälen und grob würfeln.

Die Pfifferlinge in einer Schüssel mit dem Mehl vermengen und anschließend mit kaltem Wasser aufgießen. Pfifferlinge im Wasser gut durchmischen. Anschließend Pilze aus dem Wasser heben, nicht abgießen und eventuell noch etwas abbrausen.
Pfifferlinge auf Küchenpapier leicht trocknen lassen, anschließend noch mal auf Erdreste kontrollieren. Dann je nach Größe halbieren bzw. vierteln.

In einem Topf das Olivenöl erhitzen und die Schalotten darin goldgelb anschwitzen. Den Zucker einrühren und das Ganze mit dem Essig ablöschen.
Die Zucchinistücke dazugeben und mit anschwitzen. Paprika-stücke dazugeben und mit der Gemüsebrühe aufgießen.
Jetzt den Safran dazugeben.
Die Suppe zehn Minuten köcheln lassen und dann mit dem Stab-mixer fein pürieren. Anschließend durch ein feines Sieb streichen. Zurück in den Topf geben und mit Salz und Pfeffer abschmecken.

Die Pfifferlinge in einer Pfanne anbraten, mit Salz und Pfeffer würzen, mit dem fein geschnittenen Schnittlauch vermengen und auf vier Suppenteller verteilen.
Die Suppe mit Sauerrahm verfeinern, auf vier Suppenteller verteilen und mit den knusprigen Zucchinibändern garnieren.

Karotten-Blutorangen-Suppe
mit Winter-Pesto

Ein Klassiker für den Winter.

Für 6 Personen

500 g Karotten

100 g Sellerie

1 rote Zwiebel (50 g)

1 EL Pflanzenfett

1 ¼ l Gemüsebrühe

1 Tl feingehackter Ingwer

2 Messerspitzen Peperoni (getrocknet)

1 Lorbeerblatt

2 Blutorangen

250 ml Sahne

Salz

Pfeffer

100 g getrocknete Tomaten (in Öl)

50 g Walnusskerne

1 El Balsamico-Essig

6 El Olivenöl

2 El Gemüsebrühe

Möhren, Sellerie und Zwiebel schälen, alles grob hacken.
Pflanzenfett in einem Topf erhitzen, Gemüse darin unter Rühren andünsten.
Mit Gemüsebrühe angießen, Ingwer, Peperoni und Lorbeerblatt zugeben.

Blutorangen rundherum mit einem scharfen Messer wie einen Apfel schälen, sodass die weiße Haut mit entfernt wird. Filets aus den Häutchen schneiden, zur Suppe geben, alles 25 bis 30 Minuten köcheln lassen, mehrmals umrühren, Lorbeerblatt entfernen.

Suppe mit dem Pürierstab fein pürieren, Sahne zum Kochen zugeben, nochmals mit dem Pürierstab aufschlagen. Suppe kurz erwärmen, mit Salz und Pfeffer abschmecken.
Getrocknete Tomaten grob hacken, mit Walsnusskernen, Balsamico-Essig, Olivenöl und Gemüsebrühe im elektrischen Zerhacker fein pürieren, mit Salz abschmecken.

Suppe mit Winterpesto servieren.

Linguine und Muscheln in Knoblauch-Muschel-Brühe

Beim Kauf muss man darauf achten, dass alle Muscheln geschlossen sind oder die Anzahl der geöffneten Muscheln zumindest sehr gering ist. Besonders edel wird diese Nudel, wenn man
statt der Shiitakes Morcheln verwendet. Beim Kauf darauf achten,
dass die Shiitakes möglichst große, fleischige Kappen haben.

Im Asia-Laden gibt es sie getrocknet im Plastikbeutel; das ist
durchaus erlaubt – wenn sie fleischig und rundlich sind.

Zutaten für 4 Personen

1 kg Miesmuscheln

10 Knoblauchzehen, geschält

6 Fäden Safran

2 Schalotten, klein gewürfelt

500 ml Weißwein

500 ml Hühnerbrühe (siehe Kapitel 2)

2 El fein geschnittener Schnittlauch

5 Stängel Blattpetersilie, die Blätter gezupft und gewaschen, grob gehackt

Salz und Pfeffer aus der Mühle

100 g Shiitake-Pilze (gibt es getrocknet im Asia-Lladen; siehe auch die Anmerkung oben)

1 El Butter

150 g Pancetta, grob gewürfelt

12 Stangen Lauch

1 Bund grüner Lauch

500 g - 1 kg Linguine

Die Shiitakes in einer abgedeckten Schüssel mit heißem Wasser quellen lassen; das dauert 20 bis 30 Minuten. Shiitakes herausnehmen, auf einem Tuch abtropfen lassen und mit den Händen ganz leicht pressen. Der Stiel muss raus – entweder herausdrehen oder mit der Messerspitze entfernen. Anschließend in Streifen oder Stücke schneiden.

Die Muscheln gut waschen und gegebenenfalls mit einer kleinen Bürste schrubben. Muscheln, die sich geöffnet haben und auch auf leichten Druck hin nicht geschlossen bleiben, wegwerfen. (Vergiftungsgefahr!)

Vom Lauch den dunkelgrünen Teil abschneiden. Den weißen bis hellgrünen Teil der Länge nach halbieren und anschließend in feine Streifen (sogenannte Julienne) schneiden.

Vom Spargel die harten Enden abschneiden, schälen und schräg in ca. drei Zentimeter lange Stücke schneiden. Mit je einer Prise Salz und Zucker in einer Schüssel gut durchmischen und ziehen lassen.

Knoblauchzehen, Safran, Schalotten, Petersilie, Weißwein und Hühnerbrühe aufkochen, die Hitze reduzieren, die Muscheln hineingeben und mit geschlossenem Deckel drei bis fünf Minuten garen. Muscheln, die nach dem Dünsten nicht geöffnet sind, wegwerfen.

Die Muscheln aus dem Topf nehmen, die Flüssigkeit um die Hälfte einkochen; das dauert etwa zehn Minuten. Sud mit Salz und Pfeffer abschmecken.

Linguine in Salzwasser nach Anleitung kochen.

In einem Saucentopf die Butter erhitzen, die Morcheln zusammen mit dem Pancetta und dem Lauch drei Minuten dünsten. Dann die Spargelstücke dazugeben und weitere vier Minuten dünsten.

Zum Anrichten die warmen Linguine in die Mitte der Schüsseln verteilen. Die Morchel-Spargel-Mischung darüber verteilen. Die Muscheln auf die Teller verteilen und jeden Teller großzügig mit dem Sud nappieren.

Zum Schluss noch den Schnittlauch darüberstreuen.

Mariniertes Rindfleisch
mit Bockshornklee und Hummus

Vorspeise für 4-6 Personen

500 g Rindfleisch, Filet oder Entrecôte

Olivenöl

Meersalz

schwarzer Pfeffer

Marinade

1 Tl Bockshornkleesamen, im Mörser zu feinem Pulver zermahlen

1 Tl Schwarzkümmelsamen

2 Tl Koriandersaat, grob zerstoßen

2 Tl Paprikapulver, edelsüß

1 Teelöffel Chili-Pulver

2 El Olivenöl

1 Tl Sherry-Essig

Zum Servieren

entsprechende Menge Hummus

1 große Handvoll Blattpetersilie

1 Schuss Extra-Virgin-Olivenöl

1 Tl Schwarzkümmelsamen

8-12 in Essig eingelegte Chilis

Fladenbrot

Das Fleisch mit einem scharfen Messer in dünne Scheiben schneiden.

Die Fleischscheiben unter einem Stück Klarsichtfolie mithilfe eines kleinen Topfes leicht platieren, sodass dünne Scheiben entstehen wie beim Carpaccio. Auf einen großen Teller geben.

Die Marinade aus den Zutaten zusammenrühren, einen Teelöffel Meersalz und eine Prise Pfeffer dazugeben. Gleichmäßig über die Fleischscheiben verteilen und ein bis zwei Stunden durchziehen lassen.

Muscheln mit weißen Bohnen und Safran

Vorspeise für 6 Personen

1,5 kg kleine bis mittlere Muscheln, klein bis mittelgroß

5 El Olivenöl

2 Knoblauchzehen, fein geschnitten

200 ml Sherry oder Weißwein

2 El Blattpetersilie, grob gehackt

500 g gekochte weiße Bohnen

30 Fäden Safran, in 3 El kochender Hühner-, Gemüsebrühe oder ersatzweise Wasser auflösen

Extra-Virgin-Olivenöl

Salz

schwarzer Pfeffer

Muscheln unter kaltem Wasser waschen, geöffnete und beschädigte aussortieren.

In einer großen Pfanne das Öl erhitzen, den Knoblauch dazugeben und kurz anschwitzen.
Mit Sherry bzw. Weißwein ablöschen und den Sud um die Hälfte reduzieren.

Die Muscheln mit der Hälfte der Petersilie hineingeben, ebenso die Bohnen und die Safran-Emulsion. Für zwei bis drei Minuten dünsten, bis sich die Muscheln geöffnet haben; nicht geöffnete Muscheln aussortieren.

Sofort anrichten und mit der restlichen frischen Petersilie garniert servieren.

Tom-Yum-Consommé mit gebratenen Gambas

Tom-Yum-Consommé mit gebratenen Gambas

Eine Kraftbrühe zuzubereiten ist die hohe Schule des Kochens.
Das Ergebnis rechtfertigt den Aufwand. Bei diesem Rezept handelt
es sich um eine asiatische Variante dieses Klassikers.

Zutaten für 6 Personen

1,5 l Bouillon (Huhn oder Rind, Rezept siehe Kapitel 2) kalt bereitstellen, ohne Glutamat, aus dem Reformhaus

je 30 g Karotten Petersilienwurzel und Sellerie

ca. 20 g Frühlingszwiebeln

ca. 10 g Curry-Paste

10 g Shiitake-Pilze

asiatische Gewürze jeweils ca. 50 g (z. B. Zitronengras, Koriander mit Wurzeln, Galgant, Ingwer)

300 g Rinderhackfleisch

3 Eiweiß

12 Gambas (Größe 8/12)

Pflanzenöl zum Braten

1 Knoblauchzehe

Salz und Pfeffer

Koriandergrün

Thai-Minze

Thai-Basilikum

Zum Würzen

Gewürze:

Sesamöl, Koriandersamen, Szechuan-Pfeffer, Limonenblätter,

5 Pimentkörner, Europa-Gras

Die Gambas abbrausen, schälen und den Darm entfernen. Das Hackfleisch zusammen mit den grob gehackten Gambaschalen vermengen, das Gemüse im Mixer grob zerkleinern, mit der Curry-Paste und dem leicht angeschlagenen Eiweiß vermengen. Sojasauce, Sesamöl und Fischsauce hinzufügen. Fleisch und asiatische Gewürze sowie eine Prise Salz dazugeben und gut mischen.

Alles in die kalte Bouillon geben und unter langsamem Rühren erhitzen, bis das Eiweiß beginnt, fest zu werden und sich eine Schicht an der Oberfläche bildet. Sehr langsam kochen, eher köcheln.

Wenn der „Kuchen" an der Oberfläche fest gekocht ist, mit dem Stil eines Holzlöffels ein Loch hineinstechen. Die Flüssigkeit reduziert sich um ca. ein Drittel. Nach ca. zwei Stunden die Masse von der Oberfläche abheben, dabei sehr vorsichtig vorgehen. Anschließend die Flüssigkeit durch ein feines Sieb passieren.

Die Gambas in einer großen, beschichteten Pfanne mit einem halben Esslöffel Öl anbraten. Nach einer Minute die angestoßene Knoblauchzehe dazugeben. Mit Salz und Pfeffer würzen.

Die Suppe in vorgewärmten Suppentellern anrichten.
Die Gambas verteilen und die Suppen mit Korianer, Thai-Minze und Thai-Basilikum dekorieren.

Tomaten-Papaya-Suppe
mit Vanilleschaum

**Ganz bewusst sollte man hier
Dosentomaten nehmen. Die schmecken
meistens besser als unsere heimischen Tomaten,
denn die Saison ist hier leider recht kurz.**

Zutaten für 6 Personen

1 Dose Tomaten

Olivenöl

1 Zwiebel, gewürfelt

Zucker

250 ml Orangensaft

1 Chili-Schote

1 Lorbeerblatt

1 Knoblauchzehe

1 mittelgroße, reife Papaya

100 g getrocknete Tomaten

Pistazienkerne oder getrockenete Chilifäden

1 El Honig

Meersalz und Pfeffer aus der Mühle

200 ml H-Milch

1/2 Vanilleschote

1 El Wodka

Saft 1/2 Limette

Die Zwiebel in einem Topf anschwitzen, dabei eine Prise Zucker dazugeben. Mit dem Wodka und dem Limettensaft ablöschen. Orangensaft dazugeben und zur Hälfte einkochen lassen.
Die Dosentomaten einfügen und 30 Minuten köcheln lassen. Eine Prise Salz, Knoblauch, Lorbeerblatt und Chili-Schote dazugeben. Weitere 15 Minuten köcheln lassen.

Die Papaya schälen, halbieren und mit einem Löffel die Samen entfernen. Papaya in große Stücke schneiden, zusammen mit den getrockneten Tomaten und dem Honig dazugeben und weitere 15 Minuten köcheln lassen.

Mit Salz und Pfeffer abschmecken und durch die Flotte Lotte geben. Ersatzweise mit dem Pürierstab zerkleinern und durch ein feines Sieb passieren. Erneut erhitzen und mit zwei Esslöffel Olivenöl verfeinern.

Die Milch erhitzen und aufschäumen.
Die Vanilleschote längs halbieren, das Mark herauskratzen und zur Milch geben.

Die Suppe in vorgewärmten Schüsseln anrichten, den Milchschaum darüber verteilen.
Falls zur Hand, mit grob gehackten Pistazienkernen oder Chilifäden garnieren.

Asiatisches Fondue
mit Brühe

Asiatisches Fondue mit Brühe

Zutaten für 4 Personen

2 kleine Schweinefilets

2 große Hühnerbrüste

250 g Karotten

250 g Porree

250 g Champignons

Für die Käsesauce

200 g Doppelrahmfrischkäse

2 El Sherry

4 El Milch

2 El Pistazien

Für die Apfelsauce

2 Äpfel, säuerlich

110 g Aprikosenmarmelade

5 El Zitronensaft

5 El Orangensaft

1 El Senf

Cayenne-Pfeffer

Für die Brühe

1 großes Suppenhuhn

1 Bund Suppengrün

2 Knoblauchzehen

1 kleine Chili-Schote

einige weiße Pfefferkörner

1 El Salz

1 Lorbeerblattäter

1,5 l Wasser

Huhn waschen, Suppengrün putzen und grob zerkleinern.
Huhn mit dem Suppengrün, Pfefferkörnern, Salz und Lorbeerblatt im Wasser zum Kochen bringen.
Eineinhalb Stunden bei schwacher Hitze köcheln lassen.

Schweinefilet und Hühnerbrüste in dünne Scheiben schneiden.

Für die Käsesauce den Frischkäse mit Sherry und Milch glattrühren. Pistazien fein hacken und untermischen.

Für die Apfelsauce die Äpfel waschen und grob raspeln.
Aprikosenmarmelade mit Zitronen- und Orangensaft verrühren und mit Senf und Cayennepfeffer abschmecken.
Apfelraspel unterheben und alles gut durchziehen lassen.

Fertige Hühnerbrühe durch ein Sieb in einen Fonduetopf gießen. Gemüse und Fleisch separat anrichten.
Saucen in Schälchen verteilen.

Bei Tisch werden das Fleisch und das Gemüse in der Brühe gegart.
Die Brühe kann zum Schluss getrunken werden.

Das Suppenhuhn anderweitig verwenden.

Tandoori-Buttermilch-Lammcarrée, Naan-Brot und Pistaziensauce

Zutaten für 6 Personen

6 Lammcarrées (meistens sind 2 Stück in einer Packung)

4 Knoblauchzehen

6 Zweige Thymian

250 ml Buttermilch

2 El Tandoori-Paste

200 g rote Linsen

200 ml Hühner- oder Gemüsebrühe

100 g Kaiserschoten

1/2 Bund Frühlingszwiebeln

20 g frischer Ingwer

Saft einer Limette

Abrieb 1/2 Zitrone

Koriander, frisch, die Blätter gezupft

1/2 El Kokosessig

2 El Olivenöl

150 g ganz junger Spinat, gewaschen

100 g Morcheln

1 Schalotte, fein gewürfelt

1 El feingehackter Schnittlauch

100 g Pistazien

1 Messerspitze Chili-Pulver

Abrieb 1/2 Bio-Orange

150 ml Joghurt

250 ml Milch

sechs kleine Naan-Brote (gibt es zu kaufen, selbermachen lohnt sich nicht)

Morcheln, Salat von roten Linsen,

Tandoori-Paste mit Buttermilch verrühren. Knoblauch schälen und fein hacken, in die Buttermilch geben, mit einer Prise Salz und Pfeffer würzen.

Beim Lammcarrée die Haut zwischen den Knochen entfernen. Entgegen weitläufiger Praxis, Silberhaut und Fettschicht nicht entfernen. In einer flachen Form die Lammkoteletts mit Thymianzweigen belegen und mit der Buttermilch übergießen. Mit Folie abdecken und einige Stunden oder über Nacht marinieren.

Von den Kaiserschoten den Faden entfernen und die Schoten halbieren.
Mit einer Prise Salz und Zucker gut durchmischen und beiseitestellen.

Rote Linsen gut abspülen und in klarem Wasser zwei bis drei Stunden einweichen
Wasser abgießen, Linsen mit der Brühe aufkochen, dann die Hitze minimieren und 15 Minuten köcheln lassen.
Linsen aus dem Topf nehmen und zum schnellen Abkühlen auf einem Blech ausbreiten.

Frühlingszwiebeln waschen, in kleine Rondelles schneiden und zusammen mit den Kaiserschoten unter die Linsen mischen.
Ingwerwurzel schälen und fein reiben. Zusammen mit dem Limettensaft, den Korianderblättern und dem Zitronenabrieb zu den Linsen geben.
Linsen mit Salz und Pfeffer würzen. Kokosessig und Öl unterrühren.

Für die Pistaziensauce Milch, Joghurt und Pistazien mit dem Stabmixer fein pürieren.
Mit Chili-Pulver, Orangenabrieb, Salz und Pfeffer abschmecken und beiseitestellen.

Den Ofen auf 120° C vorheizen.

Lammcarrées aus der Marinade nehmen und nochmals mit Salz und Pfeffer würzen.
Etwas Öl in einer großen Pfanne erhitzen. Lammcarrées etwa drei Minuten rundum anbraten.
Dann auf ein Blech geben, mit Alufolie abdecken und im Ofen acht Minuten nachgaren.

Die Morcheln vom Stielende befreien und sorgfältig waschen. In etwas Olivenöl zwei Minuten heiß anbraten. Mit Salz und Pfeffer würzen. Mit dem Schnittlauch und den Schalottenwürfeln garnieren.

Zum Anrichten jeweils ein Naan-Brot auf jeden Teller geben, Linsensalat und jungen Spinat daraufgeben. Die Carrées jeweils in Doppelrippchen schneiden und diese auf den Spinat setzen.
Mit Pistaziensauce beträufeln und die Morcheln um das Fleisch verteilen.

Chicken-Tandoori im Aromapack mit Mangold, Bulgur und Aprikosen-Tomaten-Chutney

Chicken-Tandoori im Aromapack mit Mangold, Bulgur und Aprikosen-Tomaten-Chutney

Man kann die Hühnchenbrüste auch in der Pfanne anbraten und anschließend im Paket im Ofen fertig garen.

Zutaten für 4 Personen

4 Hühnchenbrüste, ohne Haut, möglichst Bio-Qualität
1/2 Kopf (400 g) Blattmangold, ersatzweise Blattspinat, Strunk entfernt
starke Aluminiumfolie, Backpapier
1 Limette, in Viertel geschnitten

Für das Tandoori-Masala

Abrieb 1/2 Bio-Orange
2 El Koriandersamen oder gemahlener Koriander
1 Tl mildes Chili-Pulver
2 Tl Paprikapulver, edelsüß
1/2 Tl Muskatnuss, frisch gerieben
2 Tl Schwarzkümmel, ganz oder gemahlen, ersatzweise Kreuzkümmel
2 Knoblauchzehen, geschält, grob gehackt
2 Tl frischer Ingwer, fein gerieben oder gehackt
1 Tl Salz oder Meersalz
1 El Vollmilchjoghurt
1 Tl Zitronensaft

oder 3 El Tandoori-Paste, vermischt mit 1 El Joghurt
(gekaufte Tandoori-Paste ist meistens sehr scharf)

Für den Bulgur

175 ml Bulgur in der Messtasse, sonst 200 g

1 El Olivenöl

1/2 Tl Meersalz

Pfeffer

Zitronensaft

1 Tl Kreuzkümmel

1/2 Bund Blattpetersilie, gehackt

300 ml Gemüse- oder Fischfond

Für das Chutney

1 El Olivenöl

4 kleine Schalotten

1 Tl Puderzucker

1Tl weißer Balsamico oder Weißweinessig

150 ml halbtrockener Weißwein

1/2 El Tomatemark

Saft von 2 Orangen, am besten Blutorangen

200 g Aprikosen, frisch oder getrocknet, ersatzweise gute Aprikosenmarmelade

1 Messerspitze Meersalz

schwarzer Pfeffer aus der Mühle

12 Stück Kirschtomaten

Elektrogrill, Holzkohlengrill oder Grillplatte vorheizen.

Eine großen Topf mit Wasser zum Kochen bringen, eine Prise Salz und die Mangoldblätter hineingeben. Nach 30 Sekunden mit der Schaumkelle herausnehmen und in kaltem Wasser abschrecken. Mangoldblätter gut ausdrücken und beiseitestellen.

Die Haut der Kirschtomaten mit einem scharfen Messer einritzen. Die Tomaten für 20 Sekunden in das Wasser geben, ebenfalls in kaltem Wasser abschrecken und die Haut abziehen.

Chicken-Tandoori im Aromapack mit Mangold, Bulgur und Aprikosen-Tomaten-Chutney

Bereiten Sie von der Aluminiumfolie vier Stücke von etwa 40 Zentimeter Länge vor.
Dann vier Stücke vom Backpapier zuschneiden, die an den Seiten um drei Zentimeter kürzer sind.
Legen Sie diese abwechselnd gestapelt, mit Aluminum beginnend, beiseite.

Die Bio-Orange heiß abspülen und mit der feinen Seite einer Reibe die Hälfte der Schale abreiben.
Achten Sie darauf, das Weiße unter der Haut nicht mit abzureiben.

Alle Zutaten für das Masala im Mixer oder mit dem Pürierstab mit nur wenigen, kurzen Impulsen vermengen, sodass die Mischung nicht zu fein gemahlen wird. Dann den Joghurt und den Zitronensaft gut mit den Gewürzen durchmischen.

Streichen Sie die Hühnerbrüste jetzt mit der Tandoori-Mischung ein, um sie vor dem Grillen noch ein wenig zu marinieren.

Den Bulgur in eine Schüssel geben und mit einer Gabel das Olivenöl, den Kreuzkümmel, Zitronensaft, gehackte Petersilie und das Meersalz gut durchmischen. Den Fond in einem Topf aufkochen und auf den Bulgur gießen. Mit dem Holzlöffel gut durchmischen. Dann mit Plastikfolie abdecken und ziehen lassen.

Für das Chutney die Schalotten schälen, und fein hacken.

Die frischen Aprikosen waschen, entkernen und vierteln. Falls Sie mit getrockneten Aprikosen arbeiten, sollten diese ebenfalls kurz gespült und anschließend geviertelt werden.

In einem kleinen Topf das Öl erhitzen und die Schalotten darin kurz bei hoher Hitze unter Rühren mit dem Holzlöffel anschwitzen, den Puderzucker und den Essig dazugeben, kräftig weiterrühren, den Weißwein dazugeben und kurz aufkochen lassen.

Jetzt die Tomatenpaste und den Orangensaft einrühren. Verringern Sie dann die Hitze und geben Sie die Aprikosen dazu. Mit Salz und Pfeffer würzen, gut durchrühren, drei Minuten köcheln lassen. Die abgezogenen Kirschtomaten dazugeben und das Ganze beiseitestellen.

Versichern Sie sich nun, dass der Grill sehr heiß ist. Beim Holzkohlegrill sollte jetzt nur Glut zu sehen sein.

Legen Sie die Hühnchenbrüste auf den Grill, nach zwei Minuten geben Sie ihnen mit einer Grillspachtel eine 45-Grad-Drehung, um ein schönes Grillmuster zu erhalten. Nach weiteren zwei Minuten drehen Sie die Hühnchenbrüste um und grillen die andere Seite für zwei Minuten.

Die Folien mit jeweils einem Stück Backpapier darauf nebeneinander ausbreiten. Geben Sie jeweils etwas Mangold in die Mitte der Papiere und würzen diese mit etwas Meersalz. Jetzt nehmen Sie die Hühnchenbrüste vom Grill, setzen sie auf den Mangold, legen Sie das Limettenviertel dazu und schließen die Papiere zu Paketen.
Das funktioniert am besten, wenn man die Seiten einschlägt und dann die obere und untere Seite des Papiers über den Hühnchenbrüsten ineinanderrollt und verschließt.

Legen Sie die Pakete für vier Minuten zurück auf den Grill (oder fünf Minuten in den vorgeheizten Ofen bei 180° C). Zum Anrichten die Pakete mit einer Schere öffnen, das Papier auseinanderziehen und das Fleisch in der Folie auf ovale große Teller geben.

Bulgur in Schalen geben und mit etwas Olivenöl beträufeln.

Chutney noch einmal erhitzen, auf kleine Schälchen verteilen und mit kleinen Löffeln darin ebenfalls dazu servieren.

Auch ein kleines Schälchen mit Joghurt anrichten.

Kartoffel-Kürbis-Ravioli mit Zitronennussbutter, Parmesan und Rucola

Kartoffel-Kürbis-Ravioli mit Zitronennussbutter, Parmesan und Rucola

Zutaten für 4 Personen

1 Bund Salbei

20 g Butter

1 El Biscotti-Brösel

Abrieb 1/2 Bio-Zitrone

Salbei, die Blätter gezupft

schwarzer Pfeffer aus der Mühle

2 Bund Rucola, 150 g, gewaschen

100 g Parmesan am Stück

1 El geröstete Kürbiskerne

etwas Kürbiskernöl

Balsamico-Essig

Für den Kartoffelteig die noch warmen Kartoffeln durch die Kartoffelpresse drücken.
In einer Schüssel mit allen Zutaten gut durchmischen und würzen.
Falls der Teig noch feucht erscheint, noch ein wenig Grieß dazugeben.

Für die Füllung die Kürbisstücke mit der Butter, dem Öl und je einer Prise Salz und Zucker
in einen Topf geben.
Zwei Minuten andünsten und mit etwas Wasser aufgießen.
Unter mehrmaligem Umrühren weich kochen. Kürbisstücke abgießen, mit einer Gabel oder einer
Kartoffelpresse zu Püree verarbeiten.
Vom Ingwer die Schale mit einem Kaffeelöffel abkratzen und mit einer Reibe zum Kürbisfleisch reiben.
Die Biscotti-Kekse mit dem Mixer oder der Reibe zu Bröseln verarbeiten und zum Kürbis geben.
Die Füllung mit Salz und Pfeffer abschmecken.

Einen großen Topf mit gesalzenem Wasser zum Kochen bringen. Den Teig auf einer leicht bemehlten
Arbeitsfläche einen halben Zentimeter dick ausrollen. Mit einem runden Plätzchenausstecher Kreise
ausstechen. Auf die eine Hälfte der Kreise jeweils ein Blatt Salbei auflegen und darauf einen Klecks
Füllung geben. Die Ränder mit Wasser einpinseln und die Kreise draufsetzen. Mit den Fingern die
Ränder fest andrücken.

Ravioli Teig

750 g mehlige Kartoffeln, gekocht, ausgedämpft und geschält

50 g Mehl

120 g Hartweizengrieß

50 g Parmesan

3 Eigelb

1 Tl Kartoffelstärke

Salz

Pfeffer

1 Prise Muskatnuss

Füllung

200 g Kürbis, geschält, in kleine Stücke geschnitten.

1 Stück Ingwer (ca. 20 g)

1/2 El Butter

1 El Olivenöl

80 g Biscotti-Kekse oder Amarettini

Salz und Pfeffer

Die Ravioli mithilfe eines Pfannenwenders in das köchelnde Wasser geben.
Nach ca. einer Minute steigen sie wieder auf. Weitere 30 Sekunden im Wasser lassen, dann mit der Schaumkelle herausnehmen und in einer großen Schüssel mit kaltem Wasser abschrecken.
Die abgekühlten Ravioli aus dem Wasser nehmen und mit dem Ausstecher nachschneiden, sodass sie wieder schön rund sind.

In einer beschichteten Pfanne die Butter erhitzen, bis sie braun wird. Die Brösel mit dem Zitronen-abrieb, dem Salbei und einer Prise Pfeffer bei niedriger Hitze mit den Ravioli sehr vorsichtig durch-schwenken, um sie zu erwärmen.
Den Rucola dazugeben, mit Salz und Pfeffer würzen. Mit einem Spritzer Balsamico-Essig abschmecken.

Die Ravioli auf Teller verteilen. Mit einem Sparschäler den Parmesan über die Ravioli hobeln.
Mit Kürbiskernen bestreuen und ein Paar Tropfen vom Kürbiskernöl auf die Teller geben

Lackierte Entenbrust mit Mangold, Semmelknödel und Portweinsauce

Lackierte Entenbrust mit Mangold, Semmelknödel und Portweinsauce

Für Semmelknödel Brötchen in feine Scheiben
oder Würfel schneiden und in eine Schüssel geben. 120 Milliliter Milch aufkochen, zehn Minuten mit den Gewürzen ziehen lassen und durch ein Sieb über das Brot gießen, kurz durchmischen, einen Deckel auflegen und 30 Minuten ziehen lassen.
Zwiebel in einer Pfanne in der Butter kurz anschwitzen und zu der Brötchenmasse geben. Ei, Mehl, Pfeffer, Salz und Muskat zufügen.

Alles gut durchkneten. Sollte der Teig zu klebrig sein, etwas Mehl zufügen .

Mit angefeuchteten Händen möglichst gleich große Semmelknödel formen. In einem großen Topf ausreichend Salzwasser zum Kochen bringen. Die Knödel darin auf mittlerer Temperatur ca. 20 Minuten ziehen lassen. Sie dürfen nicht kochen! Sobald sie an die Oberfläche steigen, sind sie gar. Mit einer Schaumkelle herausnehmen und gut abtropfen lassen. Wenn man sie nicht gleich verzehrt, etwa weil man noch die anderen Zubereitungen durchführt, einfach im Wasser lassen.

Vom Mangold den Strunk entfernen, Stiele aus den Blättern schneiden.
Gut waschen und beiseitestellen.

Zutaten für 6 Personen

6 Entenbrüste, möglichst Bio, möglichst von weiblichen Tieren

700 g Mangold, möglichst jung

2 Knoblauchzehen

Olivenöl

Salz und Pfeffer aus der Mühle

etwas Zucker

Portweinsauce

100 ml Portwein, ersatzweise Sherry

300 ml brauner Entenfond oder braune Hühnerbrühe

1 El Balsamico

Für die Knödel

3 Brötchen vom Vortag

120 ml Milch

1 Lorbeerblatt

4 Pfefferkörner

1 Knoblauchzehe

4 Wacholderbeeren

1/2 Zwiebel, fein gewürfelt

1 El Petersilie, gehackt

1 Tl Butter

1 Ei

1 El Mehl

Pfeffer, Salz

Muskat

Für den Lack

300 ml Sojasauce

200 ml Cola

300 ml Honig

5 g Koriandersamen

3 g Kardamomsamen

4 g Kreuzkümmel

5 g weiße Pfefferkörner

2 Sternanis

5 Nelken

4 g Wacholderbeeren

Sojasauce, Cola, Honig verrühren und auf zwei
Drittel der Masse einkochen.
Dann die Gewürze im Mörser zu einem Pulver
verarbeiten und unter den „Lack" mischen.

Die Entenbrüste mit Küchenpapier abtupfen und mit dem Lack einpinseln.
Zehn Minuten marinieren lassen.

Eine beschichtete Pfanne erhitzen. Die Entenbrüste mit der Haut nach unten in die Pfanne geben und
bei geringer Hitze ganz langsam das Fett auslassen. Wenn die Haut knusprig ist, die Brüste umdrehen
und auf der Unterseite leicht anbraten. Entenbrüste mit Alufolie abdecken und in der Pfanne ohne
Hitze ruhen lassen.

Für die Sauce den Portwein zusammen mit dem Balsamico erhitzen und um die Hälfte reduzieren. Die
Brühe dazugeben, aufkochen lassen und auf ein Drittel reduzieren. Mit Salz und Pfeffer abschmecken.
Falls Lack über ist, die Sauce damit verfeinern.

Einen halben Esslöffel Olivenöl in einem großen flachen Topf erhitzen und den Mangold darin dünsten.
Die Knoblauchzehen anstoßen und dazugeben. Mit Salz, Pfeffer und einer kleinen Prise Zucker würzen.
Zum Anrichten den Mangold in die Mitte der Teller geben. Dabei darauf achten, dass nicht zu viel
Wasser im Teller landet. Die Entenbrüste schräg in dünne Scheiben schneiden und auf den Mangold
setzen. Die Knödel dazugeben und alles mit der Sauce beträufeln.

Lammcarrée mit Fenchelkruste, Auberginen-Ratatouille mit Schoko-Chili-Sauce, Blattgemüse und Gnocchi

Lammcarrée mit Fenchelkruste, Auberginen-Ratatouille mit Schoko-Chili-Sauce, Blattgemüse und Gnocchi

Die Lammknochen klein geschnitten in Olivenöl anbraten. Gemüse zugeben und bräunen, mit Tomatenmark abrösten, Kräuter zugeben und mit Rotwein ablöschen. Mit Lammfond oder Geflügelbrühe auffüllen, aufkochen und ca. eine Stunde köcheln lassen. Dann passieren und auf 150 Milliliter einkochen. Mit Balsamico, Salz und Pfeffer abschmecken und gegebenenfalls mit etwas angerührtem Mondamin abbinden. Zuletzt, kurz vor dem Servieren, kalte Butterflocken einrühren.

Die Lammcarrées von der dicken Fettschicht und der Silberhaut befreien. Mit einem kleinen scharfen Messer die Fettschichten zwischen den Knochen entfernen. Die Knochen mit dem Messerrücken abschaben, sodass sie so blank wie möglich erscheinen, das sorgt für eine schönere Präsentation auf dem Teller.

Die Lammcarrées mit Salz, Pfeffer und einer kleinen Prise Zucker würzen und beiseite stellen.

Für 6 Personen

4 Lammcarrées

Lamm-Jus (Sauce) evtl. am Vortag zubereiten

500 g Lammknochen (oder Kalbsknochen)

1-2 El Öl

100 g Zwiebeln

50 g Sellerie

50 g Karotten

1 El alter Balsamico

1 Tl Tomatenmark

5 Knoblauchzehen

3 Lorbeerblätter

1 Thymianzweig

1 Rosmarinzweig

0,5 l Lammfond, Rinder- oder Geflügelbrühe, ungesalzen

0,3 l kräftiger Rotwein

Salz und Pfeffer

Mondamin

20 g Butter

In einem Topf das Olivenöl erhitzen. Die Zwiebelwürfel darin kräftig anschwitzen. Mit einer kleinen Prise Salz und Zucker würzen. Das Tomatenmark einrühren und kurz mit anrösten. Mit dem Portwein abglasieren und rühren, bis dieser fast verdampft ist.

Dann die Auberginenwürfel dazugeben und bei hoher Hitze unter Rühren anrösten.
Mit dem Pernod erneut abglasieren und weitere zwei Minuten rühren. Die Thymianblätter dazugeben.

Für das Ratatouille

1 Aubergine, gewürfelt

1 rote Zwiebel, fein gewürfelt

1 Tl Tomatenmark

1 El Olivenöl

1 Tl Zucker

1 El roter Portwein

1 El gezupfte Thymianblätter

1 Tl Pernod oder Ricard

Schokoladensauce

50 g Blockschokolade

1 El Sahne

1 kleine rote Chili-Schote

Für die Gnocchi

750 g Kartoffeln, mehlig kochend

3 Eigelb

Abrieb 1/2 Bio-Zitrone

75 g Hartweizengrieß

ca. 150 g Mehl

Ratatouille warmstellen.

Die Schokolade im Wasserbad oder in der Mikrowelle bei kleiner Stufe schmelzen.

Die Sahne und die halbierte Chili-Schote dazugeben und gut verrühren. Schokosauce warm halten.

Die Kartoffeln kochen, pellen, durch die Presse drücken und ausdampfen lassen. Eigelb, Grieß und Mehl zu den Kartoffeln geben, mit Salz und Muskat würzen und zu einem glatten Teig verarbeiten. Nicht kneten, sonst wird der Teig zäh und klebrig. Aus dem Teig Kugeln formen und diese über eine Gabel abrollen. Die Gnocchi im leicht köchelnden Salzwasser drei bis fünf Minuten gar ziehen lassen.
(Expressmethode: eine daumendicke Rolle formen, mit einem Messer Stücke herunter schneiden, die Schnitt-flächen mit einer Gabel eindrücken. Dann kochen)

Die Gnocchi aus dem Wasser nehmen und in kaltem Wasser abschrecken.

In einem mittleren Topf etwas Butter braun werden lassen, den Abrieb einer halbe Bio-Zitrone dazugeben und die Gnocchis darin vorsichtig erwärmen – nicht braten! – mit einer Prise Salz würzen.

Lammcarrée mit Fenchelkruste, Auberginen-Ratatouille mit Schoko-Chili-Sauce, Blattgemüse und Gnocchi

Für das Blattgemüse

2 Schalotten

300 g gemischte asiatische Blätter wie Choy San, Pak Choy, Shanghai Choy

1 Knoblauchzehe

je 1 Prise Salz, Pfeffer & Zucker

Das Blattgemüsse der Länge nach in Segmente schneiden, eventuell die äußeren Blätter entfernen, anschließend alles gut waschen, am besten zwei Mal.

Für die Kruste

1 große Fenchelknolle

50 g mis de pain, weiche Semmelbrösel oder Knödelbrot, fein geschnitten

1/2 Tasse gehackte grüne Kräuter wie Petersilie, Kerbel, Estragon oder Basilikum

2 Eigelb

1 Knoblauchzehe, fein gehackt

2 El Olivenöl

1 Spritzer Zitronensaft

1 Tl Meersalz

schwarzer Pfeffer aus der Mühle

1 El Senf

Die Fenchelknolle mit dem Sparschäler säubern und mit dem Gemüsehobel sehr fein schneiden. Anschließend in einer großen Schüssel mit einer Prise Salz und Zucker und einem Spritzer Zitronensaft gut durchmischen.

Alle Zutaten – außer den Senf und den Fenchel – in einer
Schüssel gut vermengen und beiseitestellen.

Lammcarrées mit Küchenpapier abtupfen.
In einer großen, feuerfesten Pfanne einen Esslöffel Öl erhitzen.
Die Lammcarrées darin rundherum zwei Minuten anbraten.
Darauf achten, dass das Fett nicht zu heiß wird, sonst könnte
das Fleisch trocken werden.

Nach dem Braten das Fleisch auf einen großen Teller geben.
Mit einem Pinsel den Senf auf die Carrées verteilen.
Anschließend die Mischung für die Kruste fest andrücken.

Lammcarrées auf ein Blech geben und bei Oberhitze drei Minuten
gratinieren, bis die Kruste eine goldene Farbe erhält.

Das Fleisch aus dem Ofen nehmen, unabgedeckt an einer warmen
Stelle auf dem Herd noch zwei bis drei Minuten ruhen lassen.

In einer Pfanne etwas Olivenöl erhitzen, eine gestoßene
Knoblauchzehe dazugeben und das Blattgemüse anbraten.
Mit Salz, Zucker, Pfeffer, den Schalotten und etwas Brühe
abschmecken.

Auf jeden der sechs vorgewärmten Teller etwas Blattgemüse in
die Mitte geben. Das Auberginen-Ratatouille um das Blattgemüse
verteilen und mit etwas Schokoladensauce beträufeln.

Jetzt die Carrées in Doppelrippchen schneiden und auf die Teller
verteilen.

Rundherum die Gnocchi verteilen.

Den Jus mit einem kleinen Stück kalter Butter verfeinern und um
das Fleisch herum verteilen; nicht direkt auf die Kruste geben.

Olivenöl-Confit vom Wildlachs, Paprika, Chorizo und Kräutersalat

Olivenöl-Confit vom Schnepel, Paprika, Chorizo und Kräutersalat

Zutaten für 6 Personen

300-400 g Schnepelfilet (ersatzweise Lachsfilet, möglichst Bio-Qualität oder Wildfang)

200 ml erstklassiges Olivenöl

1 Tl feines Meersalz

etwas Zucker

1/2 Tl schwarzer Pfeffer aus der Mühle

Abrieb 1/2 Bio-Zitrone

1 Zweig Rosmarin

1/2 rote Chili-Schote

1 El Olivenöl

2 rote Paprikaschoten

ca. 80 g Chorizo

1 Tl weißer Balsamico oder Sherry-Essig

1 El Orangensaft

1 Eiweiß

etwas Brühe

4 Stück festkochende Kartoffeln, gekocht und durchgedrückt

2 El schwarze Oliven, ohne Stein, fein gehackt

Kerbel, Petersilie, Wildkräuter, Rucola, Mizuna, Brunnenkresse

Den Ofen auf Oberhitze stellen. Paprikaschoten halbieren und das Kerngehäuse entfernen. Mit der Schnittfläche nach unten auf ein Blech geben. Im Ofen oder auf dem Grill einige Minute rösten, bis die Haut schwarz wird. Mit einem angefeuchteten Tuch abdecken und abkühlen lassen.

Die Haut der Paprika abziehen, in grobe Stücke schneiden und beiseitestellen.

Von der Chorizo die Haut abziehen. Schräg in dünne Scheiben schneiden.

Von den Kräutern die dicken Stängel entfernen und gut waschen.
Von der Petersilie die Blätter zupfen, ebenfalls gut waschen.
Die Stängel aufheben.

Den Ofen auf 150° C stellen. Die Kartoffelmasse mit den Oliven und dem Eiweiß durchmengen.
Mit einem Spachtel dünne Kreise auf einem Backpapier ausstreichen und backen, bis die Chips knusprig sind.

Das Lachsfilet entgräten, in kleine Portionen à 50 bis 60 Gramm schneiden und mit Küchenpapier abtupfen. Mit Salz, Pfeffer, etwas Zucker und der Zitronenschale einreiben und würzen.
Fünf Minuten ruhen lassen.

Das Olivenöl in einem großen flachen Topf erhitzen.
Bei einer Temperatur von etwa 70 Grad die Filets einlegen.
Die Rosmarinnadeln, die Chili-Schote und die Petersilienstängel ebenfalls ins Öl geben.

Einen kleinen Topf mit einem Esslöffel Olivenöl erhitzen, die Chorizo-Scheiben ins Öl geben, ganz kurz anrösten und sofort herausnehmen. Die Paprikastücke in den Topf geben und eine Minute anschwitzen. Mit Salz und Pfeffer aus der Mühle würzen, den Orangensaft, Brühe, Petersilienblätter und Chorizo-Stücke dazugeben.
Eine weitere Minute leicht köcheln lassen. Mit Essig abschmecken.

Die gewaschenen Kräuter in die Mitte der Teller setzen.
Die Lachsstücke nach ca. sechs Minuten vorsichtig mit einem Spachtel aus dem Öl heben und auf den Salat geben.
Die Paprikaschmelze mit den Chorizo-Scheiben außenrum verteilen. Die Chips dazu servieren.

Pichelsteiner „Osso Buco"
mit Wurzel- und Blattgemüse

Zutaten für 4 Personen

ca 1,5 kg Rinderbeinscheiben

1/2 El Mehl

200 g Karotten, geschält und in dicke Stäbe geschnitten

150 g Petersilienwurzeln, geschält, in 1/2 cm dicke Scheiben geschnitten

2 rote Zwiebeln, fein gewürfelt

2 Koblauchzehen

1 EL Tomatenmark

80 ml Rotwein

1 Bund Suppengrün

2 Lorbeerblätter

5 Wacholderbeeren

1 El Rosmarinnadeln, fein gehackt

Die Rinderbeinscheiben kurz abspülen und trocken tupfen.
Das Fleisch um die Knochen herum abschneiden und grob
würfeln. Die Knochen aufheben.

In einem großen flachen Topf das Öl erhitzen. Die Fleischstücke
mit Salz und Pfeffer würzen, mit dem Mehl durchmengen und
anbraten. Dabei gut durchmischen. Wenn etwas kleben bleibt
– kein Problem.

Wenn das Fleisch angebräunt ist, die Zwiebeln und die
angestoßene Knoblauchzehe dazugeben.
Kurz andünsten. Das Wurzelgemüse dazugeben und mit
andünsten. Jetzt das Tomatenmark mit anrösten und das Ganze
gut durchmischen. Den Rotwein dazugeben.

Topfboden freikratzen, aufkochen lassen, kurz einreduzieren lassen,
dann mit 300 ml Wasser aufgießen.

Garnitur

Abrieb 1/2 Bio-Zitrone

1 El fein geschnittene Blattpetersilie

1 Knoblauchzehe, fein gewürfelt

1/2 El grobes Meersalz

1 El Olivenöl

1 Prise schwarzer Pfeffer

1 Tl frisch geriebener Meerrettich, falls zur Hand

Suppengrün, Gewürze und aufgehobene Knochenstücke dazugeben.
Erneut kurz aufkochen lassen. Deckel drauf und etwa eine Stunde schmoren lassen.

Den Strunk vom Mangold abschneiden, die Blätter waschen und in grobe Streifen schneiden. In einer Pfanne etwas Olivenöl erhitzen. Eine gestoßene Knoblauchzehe dazugeben und die Mangoldstreifen anbraten. Mit Salz, Pfeffer und einer Prise Zucker würzen. Eine Minute bei hoher Hitze dünsten und sofort servieren.

Alle Zutaten für die Garnitur vermengen.

Eintopf und Mangold auf Teller verteilen und mit der Mischung für die Garnitur bestreuen.

Rare Tuna, Beluga-
Linsen-Salat
und Choy-
Gemüse

Rare Tuna, Beluga-Linsen-Salat und Choy-Gemüse

Zutaten für 4 Personen

400 g Tuna, Sushi-Qualität

Abrieb von 1 Bio-Zitrone
1/2 El grobes Meersalz
1 Tl gehackter Rosmarin
200 g Beluga-Linsen
1 angestoßene Knoblauchzehe
1 frische Chili-Schote, gehackt, ohne Kerne
180 g Choy San oder Pak Choy
1 El Olivenöl, zum Anbraten
Meersalz
Pfeffer aus der Pfeffermühle

Zitronenabrieb, Meersalz und Rosmarin gut durchmengen, eine Prise Pfeffer aus der Mühle und eine Prise Zucker dazugeben.

Der Tuna wird in vier Portionen geschnitten und in der Salz-Zitrus-Mischung gewendet.
Fünf Minuten ruhen lassen.

Für den Linsensalat die Gemüsewürfel mit angestoßenem Knoblauch im Topf anschwitzen, Linsen dazugeben, nach und nach die Brühe dazugießen und wie bei einem Risotto die Linsen weich kochen. Mit Limettensaft, Ingwer, Kräutern und Chili abschmecken. Die Frühlingszwiebelröllchen zum Schluss unterheben.

Für die Marinade

Abrieb von 1 Bio-Zitrone

1/2 El grobes Meersalz

1 Tl gehackter Rosmarin

Für den Salat

1 Zweig Estragon

1 Bio-Limette

250 ml Hühnerbrühe, aus dem Reformhaus, ohne Glutamat

2 Schalotten

1/2 Tl frisch geriebener Ingwer

2 Stangen Frühlingslauch, den Strunk entfernt, gewaschen, in Ringe geschnitten

80 g Karotten, fein gewürfelt

80 g Stangensellerie, fein gewürfelt

Tuna rundherum in der Pfanne schwärzen. Tuna aus der Pfanne nehmen und ruhen lassen.

In derselben Pfanne den Choy kurz anbraten, mit etwas Brühe ablöschen und direkt aus der Pfanne anrichten.

Die Linsen auf die Teller geben, Choy darauf verteilen und je zwei Scheiben Tuna daraufgeben.

Rare Tuna mit Fenchelsalat und Majoransauce

Zutaten für 6 Personen

600 g Yellowfin Tuna, am Stück als „Riegel"

Öl zum Braten

1/2 El getrockneter Thymian

1 El Koriandersamen

Schale 1/2 Salzzitrone, ersatzweise Abrieb 1/2 Bio-Zitrone

1 Messerspitze Chilli-Pulver

1 Tl grobes Meersalz

Alle Gewürze im Mörser zerstoßen, auf einen Teller geben und den Tuna-Strang darin wenden.

Für die Sauce

1/2 El Kapern, fein gehackt

Saft von einer Zitrone

1 El Rotweinessig

6 El Olivenöl

1 Spritzer Honig

1 El Mayoran, die Blätter gezupft und fein gehackt

Alle Zutaten für die Sauce verrühren und mit einer kleinen Prise Salz abschmecken.

Für den Salat

2 Fenchelknollen

3 Stangen Sellerie

1 Granny-Smith-Apfel, ersatzweise eine Birne

100 g Kaiserschoten, gewaschen und halbiert

1 Radicchio, die Blätter klein gezupft und gewaschen

gemischte feine Blätter mit würzigem Geschmack, wie Rucola oder Brunnenkresse

1 El Limettensaft

3 El Olivenöl

feines Meersalz

schwarzer Pfeffer aus der Mühle

Von den Fenchelknollen mit einem Gemüseschäler die äußere Haut entfernen. Dann der Länge nach halbieren und in feine Streifen schneiden.
Den Apfel halbieren, Kerngehäuse rausschneiden und in dünne Spalten zerteilen.
Den Stangensellerie schälen, dann schräg in dünne Stücke schneiden.

Alle Zutaten für den Salat vermengen.

Eine beschichtete Pfanne mit etwas Öl erhitzen und den Tuna rundherum scharf anbraten. Das dauert etwa 30 Sekunden. Aus der Pfanne nehmen, kurz ruhen lassen.

Den Salat in die Mitte der Teller setzen. Die Thunfischscheiben darauf verteilen, die Sauce außenrum und über den Thunfisch träufeln.

Rosa gebratenes Schweinefilet mit Quitten, glasiertem Treviso und Schwarzwurzel-Chips

Rosa gebratenes Schweinefilet mit Quitten, glasiertem Treviso und Schwarzwurzel-Chips

Zutaten für 4-6 Personen

3 Schweinefilets à 250 g

2 Quitten

Saft 1/2 Bio-Zitrone

1 El Puderzucker

1/2 El Butter

3 Scheiben Ingwer

2 El Apfelessig

100 ml Apfelsaft

2 Zweige Rosmarin

5 Stück Schwarzwurzeln, roh

3 El Rapsöl

1 Kopf Treviso, der Länge nach in sechs Segmente geteilt und gut gewaschen

1 Tl Honig

1/2 El Balsamico-Essig

1/2 El Orangensaft

Für die Chips
Die rohen Schwarzwurzeln schälen und gut spülen.
Dann mit einem Schäler der Länge nach wie lange Nudeln
schneiden. In einer Pfanne Öl erhitzen und die Schwarzwurzeln
zu Chips backen.
Danach auf Küchenpapier abtropfen lassen.

Die Schweinefilets waschen und trocken tupfen.
Die Silberhaut entfernen.

Die Quitten schälen, halbieren, mit einem kleinen scharfen Messer
das Kerngehäuse entfernen.
Dann die Quitten in Spalten schneiden, in einer Schüssel mit etwas
Zitronensaft durchmengen.

In einer beschichteten Pfanne den Puderzucker bei kleiner Hitze
karamelisieren lassen. Die Butter hineingeben und ebenfalls
schmelzen lassen. Dann die Quittenspalten dazugeben und bei
mittlerer Hitze unter stetigem Wenden mit dem Holzlöffel braten,
bis eine goldbraune Farbe entsteht. Den Apfelsaft, den Essig und
den Ingwer dazugeben und etwa vier Minuten köcheln lassen.
Den Rosmarinzweig dazugeben und das Ganze mit schwarzem
Pfeffer würzen. Vom Herd nehmen und warm halten.

Schweinefilets mit Salz und Pfeffer würzen. In einer großen
Pfanne rundherum etwa drei Minuten anbraten. Hitze ausstellen,
die Schweinefilets aus der Pfanne auf einen Teller geben, mit Alufolie abdecken und auf dem Herd, wo es warm ist, ruhen lassen.

Die Treviso-Stücke in die heiße Pfanne geben, mit etwas Olivenöl
anbraten, den Honig dazugeben und mit etwas Balsamico und
dem Orangensaft ablöschen. Mehrmals wenden. Mit einer Prise
Salz würzen.

Zum Anrichten die Treviso-Stücke in die Mitte der Teller geben.
Die Schweinefilets in Scheiben schneiden und daraufsetzen.
Die Quittenstücke samt entstandenem Saft außenrum verteilen.
Zum Schluss die Chips auf das Fleisch setzen.

Saltimbocca mit Spinat und Hokkaido-Pfifferling-Salsa

Zutaten für 6 Personen

6 Kalbschnitzel à 150 g

500 g Spinat, junger mit Stängel, älterer ohne Stängel

1 Knoblauchzehe

1 Tl Butter

Olivenöl

250 g Pfifferlinge

1 kleiner Hokkaidokürbis

ca. 60 g getrocknete Tomaten, gewaschen

1 El Olivenöl

1 Tl Kapern

2 Schalotten, fein gewürfelt

1 Prise Zucker

1 Tl Weißweinessig

Kalbsbrühe oder Hühnerbrühe

Blattpetersilie

6 Scheiben Prosciutto

1 kleiner Bund Salbei, die Blätter gezupft

Den Spinat zweimal waschen und mit der Salatschleuder trocknen.

Die Pfifferlinge in einen tiefen Topf geben, mit etwas Mehl bestäuben. Mit kaltem Wasser abdecken, etwas durchmischen und eine Minute stehen lassen. Dann die Pilze aus dem Wasser nehmen, leicht ausdrücken und auf Küchenpapier trocknen lassen. Pfifferlinge je nach Größe halbieren oder vierteln.

Die getrockneten Tomaten mit den Kapern und dem Olivenöl zu einem Pesto pürieren.

Den Kürbis gut waschen und polieren. Halbieren und Kerngehäuse mithilfe eines Suppenlöffels entfernen. Die Kürbishälften samt Schale vierteln und dann in ca. fünf Zentimeter große Würfel schneiden.

Eine Stilkasserolle mit etwas Olivenöl erhitzen, die Kürbiswürfel darin andünsten, mit Salz und Pfeffer aus der Mühle würzen. Die Schalottenwürfel dazugeben und mit etwas Essig abglasieren.
Eine kleine Kelle Brühe daraufgeben und das Tomaten-Pesto unterrühren. Die gewaschenen Petersilienblätter untermengen.

In einer Wokpfanne die Pfifferlinge anbraten, mit Salz und Pfeffer würzen.

Die Kürbis-Salsa mit einem Teelöffel Olivenöl verfeinern und etwas Brühe und die Pfifferlinge untermengen. Von der Hitze nehmen.

Den Spinat in einer großen Pfanne mit einer gestoßenen Knoblauchzehe andünsten, würzen und abtropfen lassen.

Das Fleisch mit Salz und Pfeffer würzen und mit etwas Salz und Pfeffer in einer großen Pfanne goldbraun anbraten. Die Schnitzel wenden, Schinken und Salbei darauf verteilen und sofort servieren.

Eine Prise Zucker in die Pfanne geben und mit etwas Balsamico abglasieren. Den entstandenen Saft auf die Saltimbocca verteilen.

Zum Anrichten den Spinat in die Mitte von tiefen Tellern verteilen. Jeweils ein Minutensteak auf jeden Teller setzen und die Pfifferling-Kürbis-Salsa außenrum verteilen.

Salat „ohne" Minze mit Schwarzbier-Tuna

Eine tolle Vorspeise für den Sommer. Die Kombination des Salats entwickelt einen Hauch von Minze, obwohl keine Minze verwendet wird – phänomenal!

Beim Kauf von Tuna sollten Sie sich genau über die Herkunft informieren. Yellowfin Tuna ist die Art, die am meisten bedroht ist. Es gibt aber auch Tuna, der mit der Leine gefangen ist und den man ohne schlechtes Gewissen ab und zu genießen kann. Tuna ist ein Luxusprodukt. Man sollte bereit sen, etwas mehr für fair gefangenen Thunfisch zu bezahlen. (Die beste Qualität, die für Sashimi verwendet wird, kommt übrigens tiefgefroren auf den Markt. Der Fisch wird sofort filetiert und noch auf dem Boot auf – 60° C gefroren, sodass sich keine Keime entwickeln können.)

Salat „ohne" Minze mit Schwarzbier-Tuna

Zutaten für 6 Personen

Als Vorspeise (Zeit zum Marinieren: mindestens 60 Minuten)

300-400 g Yellowfin Tuna (kein Bauch, nur Mittelstück)

Für die Marinade

250 ml Malzbier

250 ml Starkbier

1 Stück Ingwer, in Scheiben geschnitten

1/2 Tl Pfefferkörner

2 Pimentkörner

1 Zweig Rosmarin, die Nadeln gezupft

1 kleine Chili-Schote, der Länge nach halbiert, Kerngehäuse entfernt

1 kleines Stück Salzzitrone (siehe Kapitel 2), ersatzweise mit dem Sparschäler ein Stück Schale von 1 Bio-Zitrone abziehen

1 Tl Honig

Das Fischfilet behutsam abspülen und trocken tupfen.
Mit einer Prise Salz würzen.

Die Biersorten für die Marinade mit den Gewürzen aufkochen.
Nach zehn Minuten vom Herd nehmen, durchsieben und
abkühlen lassen.
Das Thunfischfilet der Länge nach halbieren. Die beiden Stränge in
jeweils drei möglichst gleich große Portionen schneiden.

Die Filetstücke mindestens eine Stunde marinieren.

Für den Salat „ohne" Minze

150 g junger Spinat

100 g Brunnenkresse

1 Pink- Grapefruit

1 Orange

150 g Erdbeeren, gewaschen und halbiert

1 Spritzer Reisweinessig, ersatzweise Weißweinessig

3 El Olivenöl

Von der Brunnenkresse die dicken Stielenden abschneiden. Wenn die Stängel zu lang und zu dick erscheinen, einfach ein bisschen klein zupfen. Den Spinat und die Brunnenkresse waschen und gut trocknen, am besten schleudern.

Die Zitrusfrüchte filetieren, d. h. die Grapefruit und die Orange oben und unten abschneiden und mit einem scharfen Messer durch horizontale Schnitte die äußere Schale sowie die weiße Schicht entfernen. Anschließend zwischen die Membranenhäutchen schneiden, um die Fruchtfilets zu lösen. Über einer Schüssel arbeiten, um die Säfte aufzufangen.

Die Reste der Zitrusfrüchte auspressen. Den Saft, eine Prise Salz und Zucker mit dem Essig und dem Olivenöl zu einer Vinaigrette verrühren.

Zum Anrichten erst den Spinat und die Brunnenkresse mit der Vinaigrette gut durchmischen. Die Erdbeeren und die Zitrusrüchte auf die Teller verteilen. Die Spinatblätter und die Brunnenkresse über den Früchten auslegen. Den Tuna mit einem sehr scharfen Messer in dünne Scheiben schneiden und auf dem Salat verteilen.

Mary's Tagliatelle
mit Wodka-Sauce rosé
und Meeresfrüchten

Eine tolles Nudelgericht, bei dem ein Hobbykcch sein gutes
Timing unter Beweis stellen kann.

Alle Zutaten müssen griffbereit sein.
Der Sugo muss heiß bereitstehen.

Eigentlich muss man diese Art Pasta mit Flusskrebsen zubereiten.
Leider ist die lebende Variante für den Hobbykoch schwer
zugänglich. Außerdem möchte ich Ihnen nahelegen, keine
Flusskrebse in Lake zu verwenden, da sie immer vorgekocht sind
und beim Aufwärmen hart und zäh werden.

Mary's Tagliatelle mit Wodka-Sauce rosé und Meeresfrüchten

Zutaten für 6 Personen

1 Dose Schältomaten

1 Lorbeerblatt

1 kleine Chili-Schote oder 1 Messerspitze Chili-Pulver oder -Flocken

1 Knoblauchzehe

6 große oder 12 kleine Jakobsmuscheln

12 Stück Bio-Gambas (Zuchtware oder Wildfang)

1/2 Salzzitrone (siehe Kapitel 2), in grobe Stücke geschnitten, ersatzweise Abrieb 1/2 Bio-Zitrone

1 kg Tagliatelle, frisch oder trocken

Blattpetersilie, gewaschen, die Blätter gezupft

1 guter Schuß Wodka

Einen großen Topf mit dem Olivenöl erhitzen. Die Schältomaten mit einer kleinen Prise Salz und Zucker hinzugeben und bei mittlerer Hitze köcheln lassen. Öfters mit dem Holzlöffel umrühren. Die Tomaten und ihr Saft vermengen sich zu Sugo. (Vorsicht, das kann rasch anbrennen! Deshalb immer wieder den Topfboden freikratzen.) Nach etwa 15 Minuten gibt man die Chili-Schote bzw. das Chili-Pulver und das Lorbeerblatt dazu.

Der Sugo lässt sich wunderbar vorkochen. Am besten, man kocht gleich die doppelte Menge und friert die Hälfte für Spaghetti mit Sauce ein.

Die Nudeln eine Minute unter der angegebenen Zeit aus dem Wasser nehmen und auf einem Backblech verteilen. Ein paar Spritzer Olivenöl darüber verteilen und mit einer Zange etwas lockern und durchmischen.

In einer großen, beschichteten Pfanne das Öl erhitzen. Die Jakobsmuscheln und die Gambas mit einer Prise Salz würzen, die Jakobsmuscheln eventuell mit Küchenrolle abtupfen. Von allen Seiten braten. (Man muss mit den Jakobsmuscheln sehr vorsichtig umgehen. Eine Zange macht sie schnell kaputt. Am besten „setzt" man sie mit den Händen in die Pfanne und arbeitet dann mit einem kleinen Spachtel. Die Gambas zuerst auf der unteren, breiten Seite anbraten.)

Die Knoblauchzehe anstoßen und zusammen mit der Salzzitrone und dem Petersiliestängel zu den Meeresfrüchten in die Pfanne geben.

Nach einer weiteren Minute die Meeresfrüchte auf die vorgewärmten Teller verteilen.
Knoblauchzehe und Kräuterstengel entfernen.

Jetzt mit dem Wodka die Pfanne ablöschen. Die Nudeln in der Pfanne zusammen mit ein bis zwei Kellen Tomaten-Sugo gut durchschwenken. Alles, was an der Pfanne festgebraten ist, mit dem Holzlöffel loslösen. Das sind Röstaromen, die wir in unserer Sauce haben wollen!

Zum Anrichten die Nudeln mit einer Fleischgabel rollen und auf die Mitte der Teller arrangieren. Mit den gezupften Petersilienblättern garnieren.

Weißer Heilbutt, grüner Spargel
mit Portobello, Paprika-Sauce und

Zutaten für 6 Personen

1 kg weißer Heilbutt, in Portionen à 160 Gramm geschnitten

Salz und Pfeffer aus der Mühle

Abrieb 1/2 Bio-Zitrone

frischer Dill, grob gehackt

500 g grüner Spargel

1 Bund junge Karotten mit Grün

2 Schalotten, in Ringe geschnitten

3 Stück Portobello

Olivenöl

Gemüsebrühe oder Hühnerbrühe, ohne Glutamat

Den Spargel schälen und mit einer Prise Salz und Zucker bestreuen. Beiseitestellen.

Die Karotten schälen, der Länge nach halbieren, ebenso mit Salz und Zucker bestreuen und beiseitestellen.

Die Portobellos gut abwischen. Die Lamellen mit einem Löffel entfernen. Eine Pfanne mit etwas Olivenöl erhitzen, die Portobellos darin zwei Minuten braten, aus der Pfanne nehmen und würzen.

jungen Karotten

Für die Paprika Sauce

2 Stück rote Paprika geröstet und abgezogen

1 El Olivenöl

100 ml Hühner- oder Gemüsebrühe

Schwarzer Pfeffer

Salz

1 Messerspitze Togarashi (siehe Kapitel 2) oder gekauft, ersatzweise Chilipulver

Für die Sauce das Olivenöl in einem kleinen Topf erhitzen. Paprika-schoten in grobe Stücke schneiden und im Öl „schmelzen" lassen. Die Brühe angießen, fünf Minuten köcheln lassen, mit Salz, Pfeffer und Togarashi bzw. Chilipulver abschmecken.

Alle Zutaten für die Sauce vermengen. Beiseitestellen.

Die Karotten in einer Pfanne mit etwas Olivenöl anbraten, den Spargel und die Schalottenringe und eine Kelle Brühe dazugeben. Bei kleiner Hitze fünf Minuten gar ziehen lassen. Mit Salz und einer Prise Zucker mischen

Die Pfanne erneut erhitzen. Die Heilbuttstücke mit Salz und einer kleinen Prise Zucker würzen. Mit der Oberseite auf einen Teller mit Mehl geben. Mit einem Olivenöl und etwas Butter von beiden Seiten zwei Minuten braten. Mit Pfeffer aus der Mühle würzen. Etwas Zitronenabrieb und gehackten Dill darübergeben.

Zum Anrichten den Spargel in die Tellermitte setzen, die Fisch-stücke daraufgeben und das Gemüse um den Fisch geben. Die Sauce in dünnen Kreisen außenrum verteilen.

Kapitel 6

Süßes

Zu Espresso oder Capuccino darf ein beigelegtes Biscotti nicht fehlen.
Hier ein wunderbares Rezept.

Biscotti
mit gerösteten
Espressobohnen

Biscotti mit gerösteten Espressobohnen

Ein doppelter Espresso-Knaller: Biscotti mit gerösteten Espresso-bohnen und gebrühtem Espresso. Diese leicht süßen Plätzchen halten sich lange in einer fest schließenden Dose und sind einen Tag nach dem Backen sogar noch besser.

300 g Mandeln

6 El Espressobohnen

600 g Mehl

2 Tl Backpulver

1 Tl Salz

125 g gekühlte Butter, in kleine Stücke geschnitten

250 g Zucker

3 Eier, leicht geschlagen

60 ml gebrühter Espresso

Backofen auf 180° C vorheizen. Die Mandeln und Espressobohnen auf separate Backbleche streuen und für acht bis zehn Minuten – oder bis sie leicht geröstet sind – in den Ofen schieben. Die Mandeln und Espressobohnen herausnehmen und den Backofen anlassen. Drei Esslöffel der Espressobohnen grob zerhacken (mit dem Messer oder im Mixer). Die Mandeln im Mixer oder in einer Küchenmaschine fein hacken. In einer Kaffeemühle die übrigen drei Esslöffel Espressobohnen fein mahlen.

In einer großen Schüssel Mehl, Backpulver und Salz vermischen. Die Butter dazugeben und mit dem Knethaken oder zwei Messern zerkleinern, bis sie aussieht wie grobes Schrotmehl. Mandeln und gehackte Espressobohnen, Zucker, Eier sowie Espresso hinzufügen. Gut mischen.

Auf einem leicht bemehlten Brett den Teig zwei Minuten kneten und in zwei Hälften teilen. Daraus zwei dünne Rollen von etwa fünf Zentimetern Durchmesser formen und mit gemahlenem Kaffee oder Kakao bestäuben. Auf ein gefettetes Backblech legen und 25 Minuten backen, bis sie leicht gebräunt sind.

Mit einem Sägemesser schräg in rund zwei Zentimeter dicke Scheiben schneiden. Diese von beiden Seiten weitere acht bis zehn Minuten – oder bis sie gerade leicht golden sind – backen. Auf einem Kuchengitter abkühlen lassen und in einer fest schließenden Büchse aufbewahren.

Die Menge ergibt etwa 50 Biscotti.

Crème Caramel

200 ml Sahne

200 ml Milch

100 g Zucker

3 Eigelb

1 Vanillestange (Tahiti-Vanille)

1 Lorbeerblatt

Die Sahne mit dem Lorbeerblatt und der aufgeschnittenen ausgekratzten Vanillestange sowie 50 Gramm Zucker aufkochen.

Die Masse durch ein Sieb passieren und auf etwa 50° C abkühlen lassen. Dann mit einem Stabmixer das Eigelb und die Vanillesahne vermengen.

In einer feuerfesten Pfanne oder einer flachen Reine den Zucker vorsichtig karamellisieren, bis er hellbraun ist.

Die Caramelmasse in kleine feuerfeste Formen geben. Die Eiermasse darüber gießen und abgedeckt im Wasserbad bei etwa 150° C 20 bis 25 Minuten (je nach Größe der Förmchen) erwärmen, bis die Masse erstarrt.

Bitte beachten Sie, dass die Crème in der heißen Form noch nachzieht. Durch leichtes Ruckeln können Sie feststellen, ob das Innere bereits gestockt ist. Dann abkühlen lassen und auf einen Teller stürzen.

Gâteau au Chocolat et aux Amandes

Ein Klassiker, der eigentlich ganz einfach herzustellen ist.
Man kann jede Art von Nüssen verwenden.

125 g feinster Zucker

175 g Butter

175 g Blockschokolade

100 g gemahlene Mandeln

4 Eier

2 El gehackte, geröstete Mandeln

Eine flache Backform mit Backpapier auslegen.

Die Butter über dem Wasserbad zusammen mit der Schokolade erwärmen und zu einer homogenen Masse verrühren. Darauf achten, dass kein Wasser und auch kein Dampf in die Masse kommen, sonst wird die Schokolade grießlig und ist nicht mehr zu gebrauchen!

Zucker und Eier sehr schaumig schlagen. Das dauert 15 bis 20 Minuten in der Küchenmaschine. Je schaumiger die Masse, umso schöner wird der Kuchen. Die steife Ei-Zucker-Masse kühl stellen.

Die Masse temperieren (mit der Unterlippe testen, ob die Schokolade kühl genug ist). Die Ei-Zucker-Masse und die gemahlenen Mandeln unterheben.

Die Masse in eine eingefettete Springform füllen.

Bei 180° C mit Alufolie abgedeckt backen. Nach etwa 20 Minuten die gehackten Mandeln über den Kuchen streuen. Wieder abdecken und weitere 20 Minuten backen, bis der Kuchen fertig ist.

Für alle, die bislang der Meinung waren, dass Backen immer kompliziert sein muss, hier ein Rezept für einen Cheesecake, der garantiert jedem schmeckt. Man kann natürlich jeden Schokoriegel benutzen.

Mars-Cheesecake

Zutaten für eine mittlere Springform

2 Tassen fein zerbröselte Biscotti-Kekse oder Zwieback

120 g flüssige Butter

1 kg Philadelphia-Frischkäse

150 g Zucker

1 kleine Prise Salz

6 Eier

250 ml saure Sahne

2 El Speisestärke

4 Schokoriegel (Mars, Snickers oder Ähnliches)

Backofen auf 160° C vorheitzen

Für den Boden die Biscotti-Brösel und die Butter gut
durchmischen.
Den Boden der Springform mit Backpapier auskleiden,
den Rand einfetten.
Die Biscotti-Butter-Mischung in der Form verteilen und festpressen.
Die Form kühlstellen.

Drei Mars-Riegel in einer Glasschüssel im Mikrowellengerät bei
niederer Garstufe schmelzen. Öfters mal aufmachen und
nachschauen.
Dabei mit einer Gabel die Masse ein wenig durchrühren.

Den vierten Marsriegel in kleine Würfel schneiden.

Den Frischkäse mit dem Zucker und einer Prise Salz mit dem
Teigrührgerät fünf Minuten schlagen, bis der Zucker gelöst ist.

Dann nach und nach die Eier einzeln dazugeben, zwischendurch
immer eine Minute schlagen, sodass die Mischung schaumig
wird. Saure Sahne, Stärke und weiche Mars-Riegel und die Stücke
unterrühren.

Die Masse in die Springform geben und sofort etwa 45 Minuten
backen.

Mikrowellen-Nougat-Soufflé mit Birnen

Ein echter „Klassiker", erfunden von meinem langjährigen Freund Robin.

Für zu Hause ist dieses Rezept dazu geeignet, auf einfachste Art und Weise den Gast zu beeindrucken.

Mikrowellen-Nougat-Soufflé mit Birnen

Zutaten für 4-5 Personen

100 g Löffelbiscuits oder Biscotti

2 Birnen

Saft 1/2 Zitrone

1 El Honig oder Ahornsirup

180 ml und 1 El Birnensaft (ersatzweise Apfelsaft)

1/2 Tl Maisstärke (Mondamin)

1 Zweig Rosmarin

3 Eier

6 El Nussnougatcreme

1 kleine Prise Salz

Die Kekse entweder mit einem Mixer zerkleinern oder in ein
sauberes Tuch geben und durch leichte Hiebe mit einer Flasche
zu möglichst feinen Bröseln verarbeiten.

Wenn man Zeit hat, kann man die Brösel jetzt noch durchsieben.
Dann wird das Soufflé noch feiner, muss aber nicht sein.

Die Birnen waschen, längs halbieren und mit einem scharfen
kleinen Messer das Kerngehäuse entfernen.
Die Hälften quer in halbzentimeterdicke Spalten schneiden.
Die Spalten in einer großen Schüssel mit dem Zitronensaft
durchmischen. Fünf Minuten ziehen lassen.

In einer beschichteten Pfanne den Honig erhitzen. Bei schwacher Hitze die Birnenspalten samt Zitronensaft dazugeben. Unter vorsichtigem Durchmischen drei Minuten anschwitzen, bis sie leicht karamellisieren.
Den Birnensaft dazugeben und fünf Minuten köcheln lassen.
Die Stärke mit einem Esslöffel Saft anmischen und mit dem Rosmarinzweig zum Kompott geben. Eine weitere Minute köcheln lassen. Vom Herd nehmen.

Kaffeetassen ausbuttern und rundum mit Mehl bestäuben.
Eier trennen, eine kleine Prise Salz in die Eiweiße geben und diese steif schlagen.
Eiweiß kalt stellen.
Eigelbe schaumig schlagen, das dauert etwa fünf Minuten.
Nussnougatcreme im Mikrowellengerät in einer Glasschüssel bei niederster Garstufe erwärmen und in die Eigelbmasse einlaufen lassen, dabei zusammen mit den Keksbröseln unterheben. Dabei muss man behutsam vorgehen, um so wenig Luft wie möglich zu verlieren.
Dann das Eiweiß unterheben (nicht einrühren, es muss nicht perfekt gemischt sein).
Die Masse auf die Tassen verteilen, diese in die Mikrowelle geben und eine Minute bei zweithöchster Garstufe backen.

Jedes Mikrowellengerät ist anders, man kann die Soufflés auch erst 30 Sekunden bei mittlerer Hitze vorbacken und dann bei höchster Garstufe fertig backen.

Das Wichtigste ist hier, dass man immer erst ein einzelnes Soufflé vorbackt, um zu testen.

Die Soufflés am Tassenrand mit dem Messer einritzen, dann lassen sie sich problemlos stürzen.
Zum Anrichten das lauwarme Birnenkompott auf kleine Teller verteilen und die Soufflés darauf stürzen.

Papaya-Cobbler

Ein schnelles, winterliches Dessert, das einen Hauch von Exotik verspricht und eine Möglichkeit bietet, übrig gebliebene Weihnachtsplätzchen zu verbrauchen.

Zutaten für 6 Personen

3 reife Papayas

2 El Honig oder Ahornsirup

3 El Mehl

250 g Kokosmakronen, Spekulatius oder andere Weihnachtsplätzchen

2 El Backfett

2 El Limetten- oder Zitronensaft

75 g Mandeln, gehackt, ein Drittel zum Garnieren beiseitestellen

100 ml Buttermilch oder Milch

1/2 Tl Zimtpulver

250 ml Schlagsahne

Den Backofen auf 200° C vorheizen.

Die Papayas mit dem Gemüseschäler schälen. Darauf achten, dass auch die grüne Schicht unter der Schale entfernt wird. Mit einem Kaffeelöffel alle schwarzen Kerne entfernen, die sind – zumindest für den europäischen Gaumen – ungenießbar scharf. Die Papaya in etwa ein Zentimeter große Stücke schneiden und in einer Schüssel mit dem Zitrussaft gut durchmischen. Die Plätzchen grob zerbröseln und mit Backfett, Mehl, Honig, einem Esslöffel Zitrussaft und zwei Dritteln der Mandeln vermengen. Gut durchmischen.

Eine Backform mit Fett ausstreichen. Die Papayastückchen in der Backform verteilen. Die Keksmischung auf den Papayastückchen verteilen. Die Milch darüberpinseln oder gleichmäßig darübersprenkeln.

Im Backofen auf der mittleren Schiene, am besten bei Umluft, 25 Minuten goldbraun backen. Schlagsahne und Zimtpulver vermengen und aufschlagen. Cobbler aus dem Ofen nehmen und etwas abkühlen lassen.
Zum Anrichten jeweils etwas Cobbler mit einem Tortenheber in Champagnerschalen oder kleine tiefe Teller beziehungsweise Schüsselchen geben. Darauf achten, dass jeder die gleiche Menge Papaya und Streusel bekommt.

Einen Klecks Schlagsahne daraufgeben, mit etwas Mandeln bestreuen und genießen.

Quarksoufflé, geeistes Basilikum-Pesto, Limetten-Chello-Schaum

Zutaten für 6 Personen

200 g Quark (mind. 2 Stunden abgetropft – sehr wichtig!)

3 Eier, getrennt (Eiklar warm aufschlagen)

60 g Zucker

1 El Honig

300 ml Limettensaft

Saft und Schale 1 Bio-Zitrone

Vanille

1 Prise Salz

Butter für die Souffléförmchen weich machen, die Förmchen gut mit der Butter ausstreichen **(ganz wichtig: bis zum oberen Rand!)**, dann die Förmchen auszuckern.
Den abgetropften Quark mit etwa der Hälfte des Zuckers, der Vanille, dem Eigelb und der Zitronenschale verrühren, bis man eine glatte Masse erhält.

Das Eiklar mit der Hälfte des Zuckers und einer Prise Salz steif schlagen. Wenn der Schnee einen schönen Stand hat, vorsichtig unter die Quarkmasse heben. Mit etwas Zitronensaft abschmecken.

In die vorbereiteten Förmchen füllen (etwa zehn bis zwölf Stück) und im Wasserbad bei 180° C 15 Minuten backen.

Basilikum-Pesto

150 ml Olivenöl

1 Bund Basilikum

2 El Pinienkerne

etwas Puderzucker

Für den Schaum

300 ml Limettensaft und 1 El Honig mit dem Pürierstab schaumig rühren.

Alles zusammen pürieren, durch ein feines Sieb streichen und dann ein flaches eckiges Blech mit Alufolie auslegen, das Pesto daraufgeben und frosten.

Zum Anrichten auf mittelgroße Teller stürzen.
Das Pesto außenherum verteilen, einzelne Klekse Schaum auf die Teller geben.

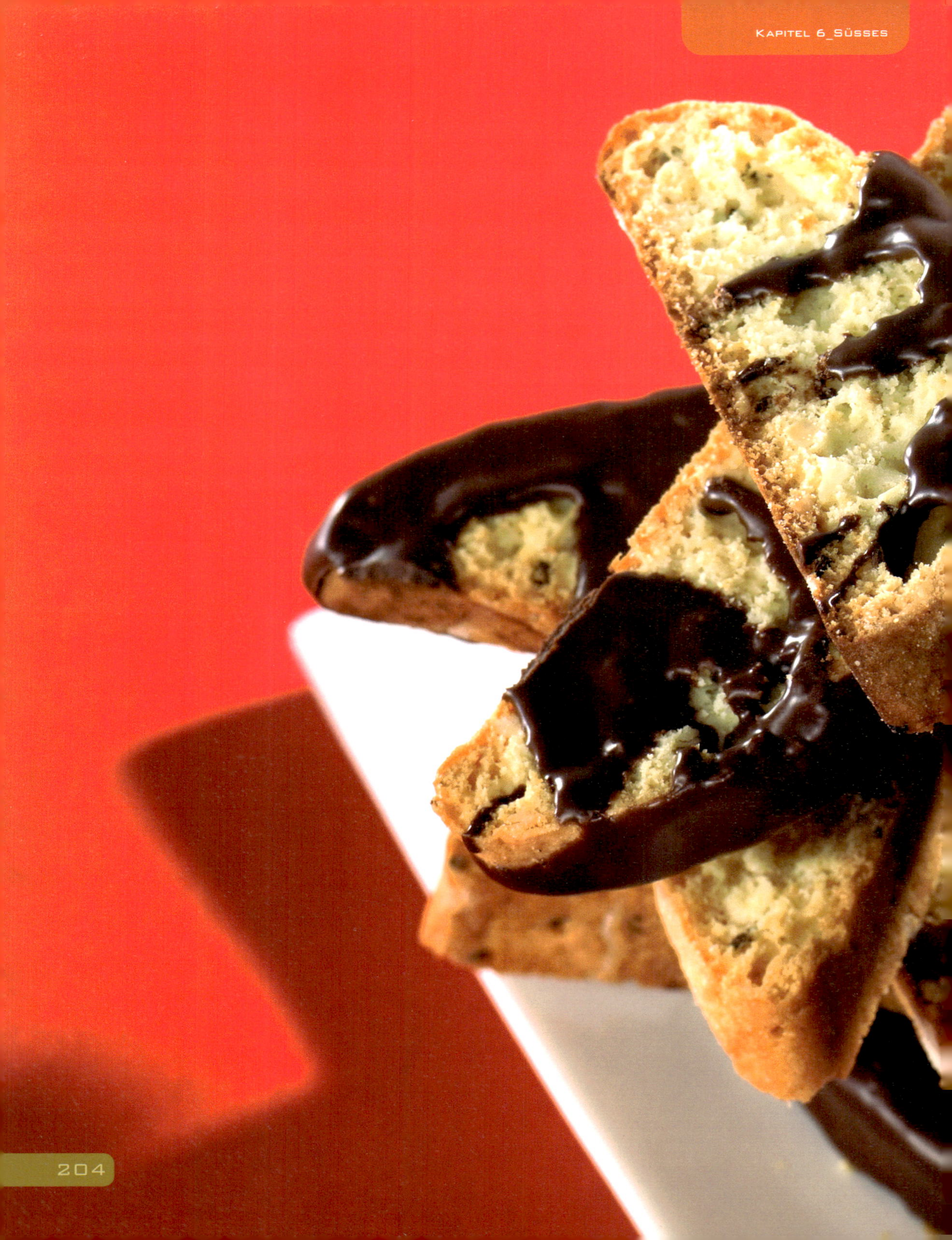

Schokoladen-Biscotti

Schokoladen-Biscotti

Zutaten für etwa 4 Dutzend Biscotti

250 g Zucker

100 g Butter, zerlassen und abgekühlt

2 El Anislikör

1,5 El Malt-Whisky

2 El Anissamen

3 große Eier

100 g gehackte Mandeln

400 g Mehl

1,5 Tl Backpulver

350 g Schokoladenraspel, halbbitter

2 El Pflanzenfett

Den Zucker und die zerlassene Butter in einer großen Schüssel verrühren. Likör, Whisky und Anis zugeben.
Die Eier und anschließend die Mandeln unterrühren.

Die trockenen Zutaten sieben und mischen und vorsichtig unter die Masse heben, bis alles gut vermengt ist.

Mit Plastikfolie abdecken und drei Stunden kalt stellen.

Den Backofen auf 190° C vorheizen.

Zwei Backbleche einfetten.

Den Teig zu drei Laiben formen und mit großzügigem Abstand auf die Backbleche legen. 20 Minuten backen, bis die Laibe aufgegangen und goldgelb sind.

Die Laibe auf Handwärme abkühlen lassen und in gut ein Zentimeter dicke diagonale Scheiben schneiden.

Die Scheiben auf die Schnittflächen legen und bei 190° C weitere 15 Minuten backen, bis sie goldgelb sind. Abkühlen lassen.

Die Biscotti erst am Tag des Servierens mit Schokolade überziehen.

Für die Glasur, die Schokoladenraspel und das Pflanzenfett unter ständigem Rühren im Wasserbad schmelzen. Den Topf vom Feuer nehmen und die Masse rühren, bis sie eine Temperatur von 30° C hat.

Die Kekse einzeln mit der Oberseite in die Schokoladenmasse tauchen. Sofort umdrehen, auf die Unterseite legen und auf Wachspapier trocknen lassen.

Auf diese Weise alle Biscotti mit einem Schokoladenüberzug versehen.

Schokoladen-Cannelloni
mit Mangocreme und
frischen Erdbeeren

Schokoladen-Cannelloni mit Mangocreme und frischen Erdbeeren

Schokoladen-Cannelloni

250 g Mehl

50 g Kakao

3 Eigelb

1 Ei

10 g Zucker

Für die Schockoladen-Cannelloni, Mehl, Kakao, Eigelb, Ei und Zucker in eine Schüssel geben und zu einem Teig verarbeiten.

Sollte der Teig zu trocken oder bröselig werden, etwas Wasser zugeben.

Den Teig 30 Minuten kalt stellen.

Danach wird der Teig mithilfe einer Nudelmaschine oder mit einem Nudelholz so dünn wie möglich ausgerollt und in ca. acht bis zehn Zentimeter große Quadrate geschnitten.

Die Nudelplatten eine knappe Minute in gesalzenem Wasser kochen lassen, abschrecken und mit einem feuchten Tuch abdecken.

Mangocreme

2 Eigelb

50 g Zucker

Saft 1/2 Zitrone

100 g Mangopüree (Asia-Laden)

150 ml Sahne

2 Blatt Gelatine

frische Erdbeeren

Mangospalten

Für die Mangocreme, Eigelb, Zucker und den Saft einer halben Zitrone im warmen Wasserbad schaumig schlagen. Die Schüssel aus dem Wasserbad nehmen und die Masse weiter schlagen, bis sie kalt ist.

Die aufgelöste Gelatine vorsichtig unter ständigem Rühren dazugießen.

Die geschlagene Sahne und das Mangopüree unterheben. Im Kühlschrank kaltstellen, bis die Masse fest ist.

Die Mangocreme dann mit einem Spritzbeutel auf die Nudel-Quadrate verteilen, zu Röllchen rollen und kaltstellen.

Die Canneloni mit einem Saucenspiegel aus Mangopüree auf den Tellern anrichten. Die Mangospalten und die Erdbeeren dazulegen. Mit Minze garnieren.

Kapitel 7

Snacks

Burritos

Zutaten für Chili für 4-6 Personen

1 El Olivenöl

1 Zwiebel, gehackt

1 Knoblauchzehe, im Ganzen

1/2 Tl Salz

1 Tl Zucker

1/2 Tl Pfeffer

1 Tl Kreuzkümmel, gemahlen

1 Tl Koriandersamen, gemahlen

1/2 Tl Tomatenmark

500 g Rinderhackfleisch

1/2 Tl Cayenne-Pfeffer

2 Lorbeerblätter

200 g rote oder schwarze Bohnen aus der Dose

1 rote Chili-Schote

1 Tl Chili-Pulver

250 g Dosentomaten mit Saft

1/2 Bund frischer Koreander

3 Frühlingszwiebeln (Lauchzwiebeln)

4-6 Tortilla Brote

1 Becher saure Sahne

1 Kopf Eisberg oder Kopfsalat

Tipp: Das Chili mit ca. 30 Gramm bitterer Schokolade verfeinern.

Die Bohnen in einem Sieb gut spülen und abtropfen lassen.
In einem großen flachen Topf die Zwiebel im heißen Olivenöl anbraten, Knoblauch, Salz, Zucker, Pfeffer,
Kreuzkümmel und Tomatenmark dazugeben und eine Minute mit andünsten.

Das Hackfleisch in den Topf geben und unter kräftigem Rühren mit dem Holzlöffel drei Minuten
andünsten. Chili, Lorbeerblätter und Dosentomaten dazugeben und gut durchrühren.
Mit jeweils einem halben Teelöffel Salz und Zucker sowie einer Prise Pfeffer würzen.
Bei mittlerer Hitze 45 Minuten köcheln lassen, dabei mehrmals umrühren.

Frischen Koriander waschen, grob hacken und beiseitestellen. Die Frühlingszwiebeln waschen, der
Länge nach halbieren und in feine Stücke schneiden. Ebenso beiseitestellen.

Zutaten für die Guacamole

2 reife Avocados

Saft 1 Limette

1 El Olivenöl

Salz, Pfeffer, Zucker

Die Avocado der Länge nach durchschneiden, dabei das Messer um den Stein drehen. Beide Hälften vom Stein lösen. Stein entfernen. Mit einem Löffel das Fruchtfleisch aus den Schalen lösen.

In einer Schüssel das Fruchtfleisch mit einer Gabel und dem Limettensaft sowie dem Olivenöl zu einem groben Püree zerdrücken. Mit Salz, Pfeffer und Zucker abschmecken.

Zutaten für die Salsa Mexicana

1 kleine rote Zwiebel

1 El Limettensaft

1 Messerspitze Zucker

1/2 Tl Salz

1,5 El Olivenöl

fünf Tomaten (etwa 250 g)

2 El fein gehackter frischer Koriander

schwarzer Pfeffer aus der Mühle

Die Zwiebel in feine Würfel schneiden und mit dem Limettensaft, Zucker und Salz und dem Olivenöl mischen.
Die Tomaten waschen, den Strunk entfernen und halbieren.
Die Hälften in feine Würfel schneiden und mit der Vinaigrette und dem fein gehackten Koriander durchmischen.

Die weichen Tortilla-Brote mit saurer Sahne bestreichen, dann fein geschnittenen Eisberg- oder Kopfsalat darauf verteilen, Chili, einen Klecks Guacamole und etwas Salsa Mexicana darübergeben und einrollen.

Empanadillas
mit Rindfleischfüllung

Empanadillas sind kleine Pasteten aus Galizien. Ihre Größe macht sie zur perfekten Tapa oder Vorspeise. Der Teig besteht jeweils zur Hälfte aus Brotteig und Pastetenteig.

Füllung für 14 Stück

5 El Olivenöl

250 g Rinderhackfleisch

1 große Zwiebel, fein geschnitten

1 Paprikaschote, fein geschnitten

3 Knoblauchzehen, fein geschnitten

2 El grob gehackte Petersilie

1 Tl Fenchelsaat

1 Tl Tomatenmark

1 Tl scharfe Paprika

1 Tl edelsüße Paprika

Salz

schwarzer Pfeffer

In einer großen Pfanne das Rinderhackfleisch mit Olivenöl goldbraun braten. Das Fleisch auf eine Seite der Pfanne schieben, auf die andere die Zwiebel und die Paprika geben.

Wenn das Gemüse karamellisiert ist, den Knoblauch, die Petersilie und den Fenchelsaat dazugeben. Für weitere zehn Minuten kochen, das Tomatenmark und die Paprikapulver einrühren, fünf Minuten ziehen lassen

Zubereitung für 28-30 Pasteten

400 g doppelgriffiges Mehl

100 g Instant-Polenta + 2 El zum Bestäuben

4 El Olivenöl

50 g Butter, geschmolzen

75 ml Weißwein

1/2 Tl Salz

1/2 Tl Zucker

3 El warmes Wasser

Für den Teig in einer Schüssel alle Zutaten außer dem Wasser verkneten. Nun den Teig auf die Arbeitsfläche geben, das warme Wasser einkneten und mit einem Tuch abgedeckt eine Stunde ruhen lassen.

Den Ofen auf 220° C vorheizen.

Vom fertig geruhten Teig walnussgroße Stücke entnehmen, die Arbeitsfläche mit Polenta bestäuben und den Teig dünn und rund ausrollen.
Einen Esslöffel von der Füllung (siehe links) auf den Teig geben und die Empanadilla zusammenklappen, sodass ein Halbkreis entsteht.
Den Teig mit einer Gabel zusammendrücken, damit die Pastete zusammenhält und ein schönes Muster entsteht.

Für zehn bis 15 Minuten im Ofen backen, bis die Empanadillas goldbraun sind.

Papaya-Panini aus der Pfanne mit Gurken-Schale

Zutaten für 2 Personen

2 Vollkorn-Pita-Brote

1 reife Papaya, im Bioladen erhältlich

100 g Bio-Ziegenkäse

200 g junger Bio-Blattspinat

3 El gehackte Walnusskerne

1 El Semmelbrösel

10 Blätter frischer Basilikum

Meersalz

schwarzer Pfeffer aus der Mühle

Olivenöl

Für die Gurken-Schale

1/2 Bio-Salatgurke, gewaschen, mit dem Gemüsehobel in dünne Scheiben geschnitten

1 Apfel oder eine Birne, gewaschen, entkernt, in dünne Scheiben geschnitten

1/2 Tl grobes Meersalz

1 Prise Zucker

schwarzer Pfeffer aus der Mühle

1/2 El Apfelessig, oder weißer Sherry- oder Weinessig

frische Minze (falls zur Hand)

Gurken in einer Schale mit dem Salz und Zucker gut vermengen und beiseitestellen.
Pita-Brote vorsichtig, zum Beispiel mit einem Brotmesser, horizontal halbieren.
Salatblätter gründlich waschen und auf Küchenpapier gut abtropfen lassen.

Papaya mit dem Gemüseschäler schälen, dabei auch die grüne Schicht unter der Schale entfernen. Papayas der Länge nach halbieren und mit einem Kaffeelöffel die Kerne sorgfältig entfernen. (Diese sind für den europäischen Gaumen von unerträglicher Schärfe!)
Papayahälften in dünne, maximal vier Millimeter dicke Spalten schneiden. Den Spinat in Stücke zupfen oder grob schneiden.

Einen halben Esslöffel Olivenöl in eine große beschichtete Pfanne auf kleinster Flamme geben. Zwei Fladen hineinlegen und diese mit der Hälfte der Semmelbrösel und der Hälfte der Walnüsse bestreuen.
Die Hälfte des Ziegenkäses mit den Händen in kleine Stückchen reissen und darauf verteilen. Darauf einige Papayaspalten und die Basilikumblätter geben.

Nun den Spinat darüberverteilen und mit Salz und Pfeffer würzen Den restlichen Ziegenkäse, Semmelbrösel und Walnüsse darübergeben und die Fladen mit den anderen zwei Hälften abdecken. Die Hitze erhöhen und mit dem Pfannenheber die Brote beim Braten gut drücken.

Nach ein bis zwei Minuten die Fladen wenden und ebenfalls unter Druck von der anderen Seite braten – ohne zusätzliches Öl.

Für die Gurken-Schale die Apfelscheiben mit den Gurken und den Minzblättern gut durchmischen (entstandenes Wasser nicht abgießen), dabei mit Essig, Öl und schwarzem Pfeffer abschmecken.

Tipp: Paninis lassen sich gut in Alufolie einwickeln, deshalb kann man sie auch gut unterwegs essen.

Zum Anrichten Paninis halbieren oder in Viertel schneiden.

Den Gurkensalat in kleinen Schüsseln bzw. Tupperware-Behältern servieren.

Quesadilla aus der Pfanne

Quesadilla ist eine Art heißer Sandwich, das nach Lust und Laune gefüllt werden kann.

Quesadilla aus der Pfanne

Zutaten für 6 Personen

8-12 weiche große Tortillafladen

50 g getrocknete Tomaten

150 g Fetakäse oder Ziegenfrischkäse; es geht auch Mozzarella

2 El Walnüsse oder andere Nüsse, grob gehackt

50 g Rucola oder junger Blattspinat, gewaschen

1 El grob gehackte schwarze Oliven (optional)

Olivenöl

Pfeffer aus der Mühle

Öl zum Braten

Wichtig ist, dass man zügig arbeitet. Dies setzt voraus, dass alle Zutaten und Gerätschaften in Reichweite stehen und die Vorbereitungen abgeschlossen sind. Wir Köche sagen dann, die „mise en place" steht.

Die getrockneten Tomaten grob hacken und den Käse zerbröseln.
Den Rucola waschen, trockenschütteln und in grobe Stücke schneiden.

Etwas Öl in einer beschichteten Pfanne erwärmen, nicht zu heiß werden lassen. Ein Tortillabrot in die Pfanne geben, mit etwas Nüssen bestreuen, dann Rucola, Käse oder einen anderen Belag nach Belieben daraufgeben und einen zweiten Fladen darüberlegen. Leicht andrücken.

Die Hitze nun etwas erhöhen und den Fladen goldbraun braten. Dabei den Fladen mit der Hand in der Pfanne drehen. (Übrigens eine gute Übung für die Computermaus-Arbeiter!)

Dann mit einem Wender die Quesadilla umdrehen und die Unterseite ebenfalls knusprig braten.

Bei den ersten Versuchen werden noch ein paar Bestandteile aus den Fladen rausrutschen, aber wie heißt es so schön: Übung macht den Meister.

Den fertigen Fladen auf ein Brett geben, wie eine Pizza in Segmente schneiden und sofort servieren.

Dazu passt ein Tomatensalat mit einem einfachen Balsamico-Dressing. Bitte darauf achten, dass die Tomaten nicht aus dem Kühlschrank kommen – nichts ist schrecklicher als eiskalter Tomatensalat.

Spareribs mit Dip

Zutaten für 4 Personen

2 kg Spareribs

2 Lorbeerblätter

10 Pfefferkörner

1 Bund Suppengrün

1 El Weißweinessig

1 Tl Salz

1 Tl Zucker

100 ml Cola

1 El Tomatenmark

Koriandersamen, gemahlen

1 Tl scharfer Senf

1 kleine Dose passierte Tomaten

Worcestersauce

Tabasco

Saft 1/2 Limette

Dattel-Chili-Dip

100 ml Apfelmus

80 g getrocknete, entsteinte Datteln

1 Tl Tomatenmark

2 El Orangensaft

Salz

2 Spritzer Tabasco oder 1 Messerspitze Chili

Alles im Stabmixer pürieren

Die Ribs abspülen, in einen großen Topf geben und mit kaltem Wasser auffüllen. Suppengrün, Gewürze, Essig sowie eine Prise Salz und Zucker dazugeben und 20 Minuten leicht simmern lassen. Aus dem Sud nehmen und auf ein Backblech legen.

In einem Topf die Cola erhitzen und zur Hälfte einreduzieren. Alle weiteren Zutaten dazugeben und eine Stunde einkochen. Mit Worcestersauce, Tabasco und Limettensaft abschmecken.

Tuna-Avocado-Wrap mit Kartoffelcroutons

Ich habe das Rezept mit „Sättigungsbeilage" aufgeschrieben, sodass eine Hauptmahlzeit entsteht.

Tuna-Avocado-Wrap mit Kartoffelcroutons

Zutaten für 2 Personen

2 weiche Tortillafladen

1 Avocado, aus biologischem Anbau

Saft 1/2 Zitrone

2 El Mayonnaise

Salz

Pfeffer aus der Mühle

1 Prise Cayenne-Pfeffer

1 Dose Tunfisch in Öl (250-300 g), gut abgetropft. Das Öl kann man aufheben

Bitte Ware von Bio-Herstellern kaufen, beispielsweise Fontaine oder Alberto, aus der Hochseefischerei; es sollten delfinfreundliche Produkte sein.

1 Pappschachtel Biokresse, mit der Schere geschnitten

1 Tomate

2 mittelgroße Kartoffeln, geschält, in kleine Würfel geschnitten (5 mm - 1 cm Kantenlänge)

Kümmel

Abrieb 1/2 unbehandelte Zitrone

1/2 El Olivenöl

Eine große beschichtete Pfanne erhitzen und die Kartoffelwürfel bei mittlerer Hitze unter ständigem Wenden braten. Wenn eine goldbraune Farbe entsteht, sind die Kartoffelcroutons meist gar. Kartoffelwürfel mit Salz, Pfeffer, Zitronenabrieb und Kümmel würzen.

Die Avocado mit einem Messer um den Stein herum in zwei Hälften teilen. Das Fleisch mit einem Suppenlöffel heraustrennen und in einen Mixbehälter oder eine Schüssel geben.
Mit dem Pürierstab oder mit einer Gabel das Avocadofleisch gut mit der Mayonnaise und dem Zitronensaft mischen und abschmecken.

Die Tomate halbieren, leicht ausdrücken, sodass ein Großteil der Kerne und das Wasser abtropfen. Tomate fein würfeln.

Die Fladenbrote mit der Avocadomasse bestreichen, dabei an den Rändern etwa zwei Zentimeter freilassen.
Dann die Sprossen, den Tuna und die Tomatenwürfel darauf verteilen.
Mit einer Prise Meersalz und etwas schwarzem Pfeffer aus der Mühle würzen.

Tortillas an den Seiten, an denen keine Füllung ist, einschlagen und zusammenrollen.
Dann mit einem scharfen Messer leicht schräg halbieren und mit den Kartoffelcroutons (zwischen den beiden Hälften platziert) anrichten.

Rezeptregister